[여러 부처님과 보살은 누구이고 어떤 분인가]

부처님과 보살
재미있는 이름이야기

| 이윤수 지음 |

민족사

부처님과 보살

재미있는 이름이야기

책머리에

방학과제물 때문에 경주 국립박물관 앞뜰의 성덕대
왕신종 앞에서 열심히 메모지에 무언가를 적고 있는
학생들을 한동안 지켜보았습니다. 과연 어떤 시대였기에 그토
록 아름다운 종이 조성된 것인지, 그것을 조성한 이들의 정신은
어떤 것인지를 헤아릴 틈 없이, 비지땀 흘리며 이해하기 어려운
단어들로 가득한 설명문을 깨알같이 옮겨 적더군요. 누구랄 것
도 없이 성덕대왕신종을 바라보며 설명문과 대조하고 꼼꼼히
살피는 경우라곤 없었습니다.

　백제의 미소, 마애삼존불을 뵈러 갔을 때도 마찬가지였습니
다. 일가족이 와서 둘러보곤 기념사진 '달랑' 찍고 가기 분주했
습니다. 검은 장막을 치고 조명등을 이리저리 비춰야 드러나는
가슴찡한 미소를 놓쳐둔 채로 말입니다. 어쩌면 많은 이웃들이
절에 가서도 비슷한 상황일 겁니다. 대웅전이니 탑이니 한 바퀴
둘러보고, 시원한 감로 약수 한 바가지 들이키고 떠날 것입니

다. 조금 더 서성이고 더 꼼꼼히 살펴보며 하염없이 물음표를 지니는 이웃들이 얼마나 되겠습니까?

더러 가까운 이들과 절을 찾습니다. 아는 대로 불상의 의미들을 설명해 주면 그네들의 눈빛이 달라집니다. 새롭게 다시 보게 되는 것이죠. 뭐가 뭔지 어떻게 해야하는지 몰라하던 그들이 거듭나는 것을 보게 됩니다.

중원 미륵사지 민박촌 입구엔 참으로 아름다운 비석이 하나 서 있습니다. 보기엔 그저 초라하기 이를 데 없는 작은 비석이지만 그 안에 새겨져 있는 구절구절이 심금을 울립니다. '미륵리마을 자랑비'가 그것입니다. 마을 주민들이 미륵사지가 존재했음을 감사히 여기며 그 자부심으로 앞으로도 이 마을을 전통 한옥마을로 잘 보존해 나가겠다는 살뜰한 사연을 기록한 비석입니다. 미륵사지 한켠에 문화재관리국에서 박아 놓은 그 어떤 설명문보다 친숙한 문장, 정감어린 내용으로 새겨진 미륵마을 자랑비를 읽고 또 읽으며 미륵리에 둥지를 틀고 살아가는 이웃들의 모습 또한 빈 절터 위에 우뚝 솟은 결 고운 미륵 부처님을 닮았으리란 상상을 해 보았습니다.

어느 절이고 곳곳에 세워진 표지판은 전문가가 아니면 그 뜻을 쉽게 헤아리기 어려운 문장입니다. 주심포 양식이 어떻고 공포가 어떻고, 석등은 앙련이 어떻고 옥개석이 어떻고……. 가람을 둘러보면서 주심포 양식을 모르고 간들 어떻겠습니까? 더 중요한 것은 그 절의, 그리고 그 건축물이 품어안고 있는 정신과 그것을 세운 선조들의 숨결을 만나고 가는 일이 아닐까요?

너나없이 불교를 어렵다고 합니다. 시중에 쉽게 읽히는 좋은 불교서적들이 쏟아져 나오고 있건만 여전히 사람들은 '왜 불교는 그토록 어렵냐'고 되묻습니다. 책은 난해하고, 법문은 어렵고, 절에 찾아가 묻기도 힘들고…… 그런 점에서 미륵리 자랑비처럼 그만큼만 쉽고 신심어린 글을 엮어보려 했습니다. 아미타부처님 앞에서 석가모니불 정근을 하고 간들 문제될 것은 없습니다. 하나 기왕이면 관세음보살과 대세지보살을 구분해 바라보고 사천왕상과 금강역사상의 의미를 이해하는 이웃들이 늘었으면 하는 바람입니다. 부족하지만 이 작은 책이 그런 이웃들에게 힘이 됐으면 좋겠습니다.

이 책을 쓰면서 이십대 때 읽었던, 어느 새 빛바래 버린 불교서적의 뚜껑을 다시 펼쳤습니다. 오랫동안 잊고 있던 감동어린 사연들 앞에 내내 숙연해지는 심정이었습니다. 부처님 당시에 살았던 그 뜨겁고 간절한 공양의식이며 신심들을 떠올리면서 오늘 이 순간 내가 어찌 살아야할지 곱씹어 볼 수 있었습니다.

이 책은 경전 속의 이야기를 방송쟁이로서 조금 쉽게 정리해 놓은 책에 불과합니다. 경전 이야기에 잡다한 해석도 두루두루 달아 놓았습니다. 그것이 경전 속의 본뜻을 망가뜨리는 것은 아닌지, 불교에 대한 이해를 도리어 곡해시키는 것은 아닌지 불안한 심정입니다.

저를 키운건 정말 대부분이 불교였습니다. 아니 전체가 불교였습니다. 그 불교를 위해 제가 할 수 있는 몫이 있다면 부족함을 안고라도 해야 한다는 것이 제 작은 서원입니다. 아직 불교를 위해 제 몫은 전혀 해내지 못하고 있습니다. 그러나 원이 있는 한, 언제고 저는 부처님 땅을 일구는 작은 버팀목이 될 수 있을 것을 믿습니다.

특집 프로그램을 끝내고 잠시 쉬고 있던 찰나에 민족사의 원고 제의를 받았습니다. 덜컥 받았던 원고 청탁은 그러나 제겐 턱없이 무리한 작업이었습니다. 이젠 정말 쉽고 재미있게 정리된 불서들이 무궁무진하지 않습니까? 그것도 수행의 길을 걷는 스님들의 향기 깃든 책들 말입니다. 이 책은 그저 아는 지식, 주워들은 짧은 밑천을 다 드러내 쓴 책입니다. 그러나 이 책을 통해 익힌 기본상식을 바탕으로 경전 읽을 마음을 내고 부처님 일대기를 찾아 읽는 이웃들이 생겨난다면 더없이 감사하겠습니다.

불교가 여전히 어렵다고 여기거나 불교가 낡고 고루한 종교, 노인의 종교라고 오해하는 이웃들에게 생각보다 유익하다는 믿음을 심어 줄 수 있다면 하는 욕심으로 글을 썼습니다. 잘못된 점, 더 보충해야 할 점이 하염없을 줄로 믿습니다. 부지런히 공부하고 정진하면서 수정 보완해 가겠습니다. 가시밭 같은 길을 기꺼이 행복하게 가셨던 부처님의 발자취를 따라 걷는 참된 제자 되겠습니다.

부족한 글에 발문을 지어 주신 존경하는 도법스님과 새롭게 불교공부에 몰입할 인연을 지어 주고, 오랜 시간 동안 말없이 기다려준 민족사 가족들에게 감사의 합장 올립니다.

우리 가슴에
살아 숨쉬는 부처님으로

참으로 조용한 아침이다.

태풍이 지나가고 난 산사의 아침은 싱그러운 기운으로 가득하
다.

저만치 천황봉 자락에 아침안개가 피어오른다. 언제 보아도
넉넉하고 편안하고 든든하다. 느긋한 마음으로 법당 앞 탑 주위
를 서성거렸다. 흐뭇한 기분으로 천왕문 밖 들판길을 걸었다.
인생사의 어제, 오늘, 내일의 모든 것을 내려놓고 그저 편안함
으로 산도 바라보고 들판도 바라보고 흐르는 물도 바라보았다.
기분이 좋다. 잔잔한 기쁨이 있다.

이 순간 이 정도의 삶이면 괜찮다고 여기면서 방으로 돌아왔
다. 부탁받은 원고를 쓰기 위하여 책상 앞에 앉았다. 왠지 싱거

운 생각이 들었다. 실성한 사람처럼 비실비실 웃음이 자꾸 나온다. 아무래도 이 글을 쓰게 된 경위를 이야기하는 것으로부터 글의 실마리를 풀어가는 것이 좋을 듯하다.

그날은 대단히 무더운 날이었다. 선우도량 모임 때문에 서울엘 가려고 길을 나섰다. 역시 피서철답게 고속도로엔 자동차로 바다를 이루고 있었다. 약속된 시간을 훨씬 지나서 서울에 도착했다. 서둘러 약속장소로 가고 있는데 "스님!" 하고 부른다. 돌아보니 선우도량 간사가 달려나오며 인사를 한다.

"스님을 만나려고 기다리는 분이 있습니다."

"아니, 시간이 너무 늦었는데……."

"잠깐이면 됩니다."

간사를 따라 찻집으로 들어갔다.

"안녕하십니까?"

합장하는 얼굴이 낯설지는 않았지만 정확하게 누구인지는 기억할 수 없었다. 바쁜 마음 때문에 거두절미하고 무슨 일인지부터 따져 물었다. '부처님과 보살의 이름이야기에 관한 책을 출간하는데 발문을 꼭 써줘야 된다'는 부탁이었다. 참으로 뜻밖의 일이었다. 전혀 생각해 본 적이 없는 일이었다. 허…… 하고 헛웃음만 터져 나왔다. 이럴 때 어떻게 해야 '참 그 스님 괜찮다'라는 이야길 들을 수 있을까. 이러지도 저러지도 못하고 머뭇거리다 일단 원고를 읽어본 다음 결정하자는 제안을 했다. 건네주는 원고를 받아 걸망에 챙겨 넣으면서 '거절할 만한 이유를 찾아보자' 하고 궁리를 하며 모임장소로 갔다.

일을 마치고 돌아오는 차 안에서 원고를 읽기 시작했다. 절에 돌아온 뒤에도 시간나는 틈틈이 손가는 대로 펼쳐놓고 읽곤했다. 실은 원고를 읽으면서 부탁을 거절할 만한 구석을 찾으려고 했는데 오히려 애초의 마음과는 달리 부탁을 받아들여야 되겠다는 쪽으로 뜻을 굳히게 되었다. 역시 뜻밖의 결과가 나타난 것이다. 그 이유를 몇 가지 정리하면 다음과 같다.

이 책은 경전 속의 이야기를 방송쟁이로서 조금 쉽게 정리해 놓은 책에 불과합니다. 경전 이야기에 잡다한 해석도 두루두루 달아 놓았습니다. 그것이 경전 속의 본뜻을 망가뜨리는 것은 아닌지, 불교에 대한 이해를 도리어 곡해시키는 것은 아닌지 불안한 심정입니다.

● 머리말 중에서

물론 미흡하고 아쉬운 점이 전혀 없다고 할 수는 없다.

그럼에도 불구하고 시도 자체가 매우 훌륭하고 실제 저자가 의도한 대로 평이하고 쉽고 재미있고 잔잔하게 되어 있다.

마을 입구에 미륵 부처님을 세워 두고 핍박과 고통의 생애를 인내하며 그 온화한 미소를 닮으며 살았을 선조들을 떠올려 봅니다.

● 본문 중에서

환란이 있을 때마다 사람들은 미륵 부처님께 의지했습니다.……정치 · 사회적으로 어려움이 있을 때마다……새시대를 갈망하는 하층민의 간절한 신앙의 대상이기도 했습니다.

● 본문 중에서

이처럼 이 책은 법당 안에만 계시는 부처님을 우리 마을 곁으로 오시게 하였다. 저 높은 곳에 계시는 부처님을 우리와 같이 낮은 곳에 머물게 하였다. 역사 현실과는 멀리 떠나 계시는 부처님을 역사의 현장에 함께 계시도록 하였다. 아득히 먼 옛날의 과거 부처님을 지금 바로 오늘의 부처님으로 살아계시게 하였다. 이러한 이유가 있는 만큼 누구도 거절하지 못하리라는 믿음으로 이 글을 쓰게 되었다.

그런데 지금 문제 되는 것은 이런 글이 발문으로 어울리는 것인지 두려운 마음이다. 이 글을 덧붙임으로써 좋은 글, 좋은 책에 혹을 붙이는 꼴이 되는 것은 아닌지 걱정된다. 여하튼 이 책이 우리 모두에게 "노는 입에 염불한다"는 오랜 속담을 일상의 생활로 실현되게 할 것임을 믿어 의심치 않는다.

이윤수 벗이여, 부처님을 좋아하고 우리의 전통을 아끼는 지극함에 대하여 찬사를 보냅니다. 누구에게나 인생의 길을 가노라면 힘겹고 지칠 때가 있는 법이지요. 그럴 때 먼산을 바라보며 쉬어가는 현명함을 잃지 않길 빕니다.

지리산 실상사에서

도 법

차례

호법신중

부처님의 십대 제자

부처님의 이름

부처님의 이름이란

거리에서 사람들에게 '부처님 하면 어떤 부처님이 생각나느냐' 고
묻는다면 대답이 어떻게 나올까요? 아마도 열에 아홉은 석가모니
부처님을 떠올릴 것입니다. 모두에게 '부처님 = 석가모니
부처님' 이란 등식이 자연스럽게 인식돼 온 게 사실이지요.
그러나 경전을 보면 석가모니 부처님이 나시기 전(過去世)에 여러
부처님이 계셨습니다. 그리고 석가모니 부처님이 열반에 드신
뒤인 미래세상(未來世)에도 미륵 부처님이 오심을 이야기하고
있습니다. 또한 경전마다 무수한 부처님이 등장하고 계십니다.
물론 우리 귀에 우리 입에 낯선 이름들이긴 합니다.
절에서 108참회를 해 보신 적이 있나요? 108참회를 할 때엔
참회문을 외게 됩니다. 이때 참회문에 등장하는 불보살의 명호는
정말 엄청난 숫자지요. 처음 108배를 한 불자가 그러더군요.
웬 부처님이 이렇게도 많으냐구요.

부처란 고유명사가 아닙니다. 보통명사지요. 누구라도 부처가 될
수 있기 때문입니다. 우리가 알고 있는 석가모니 부처님은 그
가운데 한 분이십니다. 부처님은 대지에 항상 가득하다는 것,
그것이 우리 불교의 가르침입니다.
그럼 이제부터 낯설고 복잡하기만 한 부처님의 다양한 이름들을
친근하게 만나보겠습니다.

석가모니불

모든 부처님의 근본이 되는 부처님이 석가모니 부처님입니다. 우리가 아침저녁으로 시아본사(是我本師) 석가모니불 — 우리의 근본스승이신 석가모니 부처님 — 을 외는 것도 바로 근본스승이신 부처님께 예불올리는 것이지요. 우리들이 부처님, 부처님 할 때 아마도 그 모든 부처님을 대표하는 분이 아닐까 싶습니다.

석가모니란 석가(Sakya)족 출신의 성자(muni)란 뜻으로 세상에서 가장 존귀한 분이란 뜻으로 석가세존(釋迦世尊), 줄여서 석존이라 부르기도 합니다.

석가모니 부처님의 일생을 정리하기란 너무 방대합니다. 그런 점에서 주요 사건을 중심으로 성도모습까지 정리해 드리겠습니다. 고타마 싯달타가 석가모니 부처님이 되는 순간까지만요.

석가모니 부처님은 카필라국의 왕인 숫도다나왕과 마야왕비와의 사이에서 나셨습니다. 숫도다나왕이 마흔이 넘도록 두 사람 사이에는 자녀가 없어 언제나 후계자가 걱정이었습니다. 왕비는 늘상 목욕재계하고 팔관재계를 지키며 청정한 마음으로 보시하며 아이가 태어나기를 기다렸습니다. 하루는 왕비의 꿈에 여섯 개의 상아를 지닌 코끼리가 태에 들어옵니다. 그와 동시에 일만의 세계가 진동하고 서른두 가지의 기이한 일이 생기게 됩니다.

그 몇 가지의 예를 들면 이렇습니다.

'일만의 세계에는 한없는 광명이 충만하고 이 빛을 보기 위해 장님은 눈을 뜨고 귀머거리는 소리를 들으며 벙어리는 서로 이야기를 하고 곱사는 허리를 폈으며, 절름발이는 바로 걷고 결박된 이는 묶인 사슬에서 풀려났다……'

저마다 고통받던 이웃들이 그 고통에서 해방됐다는 이야기는 부처님께서 그런 목적을 위해 세상에 오심을 미리 알려주는 대목이라 하겠습니다.

왕비의 꿈 소식을 들은 왕은 카필라국의 예순네 명의 수행자에게 해몽을 부탁합니다. 수행자들은 입을 모아 '태몽'이라고 예견하지요. 후계자를 낳길 간절히 원하던 왕에겐 얼마나 단비와 같은 이야기였겠습니까. 왕은 성안과 밖의 사람들을 위해 재물을 베풀어 보시하며 그 기쁨을 나눴습니다.

카필라성은 오늘날 네팔 국경을 넘어 자리하고 있습니다.

1898년에 프랑스 학자 펩페는 네팔의 남쪽 국경 피푸라와 라는 곳에서 사리병을 하나 발굴해 냅니다. 그 병에 새겨져 있 는 문구로 여러 가지 갈등이 빚어지고 있는데요, 그 병에 이르 길 "세존이신 부처님의 이 사리병은 석가족이 함께 믿음의 마 음을 가지고 안치해서 모신 것이다"라고 적혀 있었습니다. 석 가족이 안치한 사리병인 만큼 그 땅이야말로 카필라성이 아닌 가 하는 의문입니다. 그러나 여전히 학자들 사이에서는 분명하 게 밝혀진 것이 없습니다.

다만 경전 속 기록이 대부분 정확한 점에 비춰보자면 카필 라국과 콜리국 사이에 룸비니 숲이 자리하고 있다는 점에서 현 재 네팔 북쪽의 카필라성을 확신하기도 합니다.

열 달이 되자 왕비는 친정인 데바하다로 떠납니다. 마야왕 비는 가는 도중에 아름다운 룸비니 숲속에 몸을 쉬게 됩니다. 룸비니 하면 으레 '동산'이라는 단어를 붙여쓰지요. 불교계에 서 운영하는 유치원의 많은 이름이 룸비니 동산입니다. 어린 싯달타 태자가 태어난 성지인 만큼 유아들이 뛰고 노는 현장의 이름치곤 적절합니다. 그러나 정작 인도 룸비니에 가보면 동산 이라곤 없습니다. 너른 대지지요. 아마도 우거진 숲을 한역으로 옮기면서 원(園)이라 했고 그걸 우리가 동산으로 번역하면서 생긴 오류가 아닌가 여겨집니다.

아쇼카 나무가 우거진 숲에서 가장 꽃이 활짝 핀 나뭇가지를 손으로 잡으려던 왕비는 그 순간 산기를 느낍니다. 꽃가지를 붙들고 선 채 왕비는 오른쪽 옆구리로 옥동자를 낳습니다.

경전에선 무우수 나무라고 번역돼 있는데, 이 나무가 바로 아쇼카 나무입니다. 가지가 길게 늘어져 있어서 산기를 느낀 왕비가 붙들고 태자를 낳기엔 그만이었을 것 같습니다. 지금도 룸비니 숲에는 새로 심어 놓은 아쇼카 나무들이 즐비합니다. 그곳을 찾는 우리 불자들은 너나없이 마야부인처럼 그 나뭇가지를 붙들고 사진 찍기를 즐기지요.

부처님께서 마야부인의 옆구리에서 탄생했다는 이야기를 두고 학설이 구구합니다. 본래 성자의 탄생은 신비해야 하기 때문에 보통사람과는 다르도록 묘사한 것이 아니겠느냐는 논리도 있습니다. 적어도 고결한 부처님인 만큼 남다르게 탄생을 하셨을 것이라는 이야기죠. 그런가 하면 워낙 의술이 발달해 있던 인도인 만큼 제왕절개를 하고 나신게 아닌가 하는 비약된 이론도 있습니다.

일반적으로는 태어난 계급을 상징한다고 이야기 합니다. 인도의 오래된 성전인 '리그베다'를 보면 브라만 계급은 머리에서 태어나고, 크샤트리아 계급은 허리에서 태어나며, 바이샤

간다라 불전도 속의 탄생상

는 배로, 그리고 가장 천민인 수드라는 발바닥에서 태어난다고 기록돼 있습니다. 이는 브라만교의 성직자들은 고결하게 태어나고 왕과 귀족들은 그 다음 단계라는 식으로, 인간은 나면서부터 제 운명이 정해져 있다는 당시 인도를 지배하던 계급제도 때문에 나타난 탄생관입니다.

경전에는 옥동자가 태어날 때 제석천, 범천을 비롯한 하늘의 신들이 모두 호위했음을 장엄하게 그리고 있습니다. 태어나자마자 태자는 누구의 부축 없이 스스로 사방으로 일곱 걸음을 걸었다고 하죠. 옮기는 걸음마다 수레바퀴 같은 연꽃이 피어올라 그 걸음걸음을 받쳐 주었구요. 상하를 둘러본 태자는 오른손을 위로 왼손을 아래로 가리키며 다음과 같이 외쳤습니다.

하늘과 땅 사이에 나 홀로 존귀하다
세상이 모두 고통이니 내 마땅히 이를 편안케 하리라.
天上天下 唯我獨尊 三界皆苦 我當安之

이때의 소리가 마치 사자가 외치듯 했다던가요. 이 구절을 두고 우리는 탄생게(誕生偈)라고 합니다. 어찌된 일인지 요즘은 천상천하 유아독존이란 의미를 자기밖에 모르는 독불장군식의 인물에 비할 때 쓰곤 하는데요. 여기서 천상천하 유아독존 할 때의 아(我)자는 자기 자신을 이야기하는 것이 아니라 인간으로서의 독립된 개체로서의 의미로 받아들여야 할 겁니다. 다시 말하면, 인간은 그 무엇보다도 존귀한 존재라는 이야기지요.

프랑스 혁명에서 처음으로 인권선언이 발표됐다고 합니다만 2천 6백년 전 싯달타 태자는 이미 일찍이 인간존중의 사상, 인간주체 사상의 선언을 했던 것입니다.

흔히들 탄생게의 앞 구절은 알지만 뒷 구절은 그런 말이 있었는지조차 모르는 편입니다. 그러나 '천상천하 유아독존'만 알고 '삼계개고 아당안지'를 모르는 것은 로미오와 줄리엣 소설을 로미오만 읽고 줄리엣은 아직 못 읽었다는 이야기와 다를 바 없을 겁니다.

"세상이 모두 고통이니 내 마땅히 이를 편안케 하리라."

얼마나 기막힌 말씀입니까? 인간현실을 보고는 그 자리에서 마땅히 고통으로부터 해방시키겠노라는 간절한 서원을 세운 것이지요. 어떻게 막 태어난 아기가 일곱 걸음을 걸었겠느냐, 어떻게 응애응애 울기도 바쁜 그 아기가 근사한 탄생게를 읊었겠는가 하는 궁금증이 드실 겁니다.

이렇게 한번 생각해 보시죠. 어느 위인이든 탄생에 얽힌 신비로운 이야기는 참으로 많습니다. 《삼국유사》에 등장하는 김알지며 박혁거세 고주몽의 탄생신화만 해도 그걸 오늘의 잣대로 해석하려 하면 황당하기 이를 데 없습니다. 마치 단군왕검께서 홍익인간의 정신으로 이땅을 꾸려가셨듯이 부처님께서

룸비니 숲속에서 마야부인이 싯달타 태자를 낳고 목욕했던 연못

평생 지니셨던 뜻으로 탄생게에 얽힌 사연을 이해하는 것은 어떻겠습니까?

룸비니 숲속에는 지금도 마야부인이 목욕했던 연못이 남아 있습니다. 그 곁에는 마야부인당도 있습니다. 제가 인도에 갔을 때는 일본인들이 나서서 마야부인당을 중창불사한다고 법석이었습니다. 한 귀퉁이에 옮겨진 마야부인당 안에는 무우수 가지를 잡은 마야부인이 태자를 옆구리로 낳는 장면이 마모될 대로 마모된 채 돌 위에 새겨져 있었습니다.

현재 룸비니 숲에는 네팔, 태국을 비롯한 각국의 사원이 세워져 있습니다. 우리나라의 법신스님도 대성석가사라는 절을 운영하고 계십니다. 이젠 인도 주민들에게도 정신적으로 큰 의지처 역할을 하고 계시더군요. 숙박시설이 퍽 잘 되어 있는 편이라 룸비니를 찾는 분들이라면 가능하면 그곳에서 묵는 편이 도마뱀 줄줄이 기어다니는 호텔보다 나을 듯 싶습니다.

태자가 태어나자 왕은 여러 수행자들을 불러 모았습니다. 태자의 이름짓기를 고민하는 왕에게 수행자들은 '싯달타' 라는 의견일치를 본 이름을 내놓습니다.

"왕이시여, 태자께서 탄생하실 때 온갖 보배가 생기고 모든 사람들의 소원이 이루어졌으며 갖가지 길한 상서로움이 있었습니다. 그런 까닭에 태자의 이름을 싯달타라고 함이 적당할 겁니다."

이 자리에 아시타 선인이 참석해 태자를 보고는 눈물을 흘리며 몹시 애달파 했습니다. 눈물을 거둔 아시타 선인은 태자에 관해서 '집에 있으면 전륜성왕이 될 것이며 집을 나와 진리를 구하면 깨달음을 얻을 것'이라고 설명합니다. 다만 자신이 안타까운 것은 자신이 너무 늙어 깨달음의 경지에 이른 태자를 보지 못하는 것이라고 이야기합니다.

싯달타 태자는 덕 높은 스승에게서 온갖 가르침과 무술을 배우면서 태자로서의 공부를 착실히 수행하며 자랐습니다. 그가 열두 살이 되던 해 농경제 의식에 참석합니다. 그곳에서 태자는 농부들이 소를 몰아 밭가는 모습을 보게 되지요. 소를 고삐로 내리치며 밭을 가는 비쩍 마른 농부들, 헐떡이며 고삐꿴 채 밭을 가는 소, 갈아엎은 흙 위로 기어 나온 벌레를 잽싸게 쪼아 먹는 새의 모습까지 남김없이 보았습니다. 이를 보면서 태자는 마치 자신의 혈육이 그런 고통에 처한 듯 맘 아파했습니다.

중생들은 참으로 불쌍하도다. 서로가 서로를 잡고 잡아먹히지 않는가. 세간 중생들이 저토록 극심한 괴로움을 받고 있으니 나는 언제 조용하고 한적한 곳을 찾아 모든 고통을 해결할 것인가.

《불본행집경》 중에서

이후로 태자는 깊은 사색에 잠기곤 합니다. 불평등한 관계 속에서 고통받는 세상에 대한 의문이 들었던 것이죠. 이런 태자의 모습에서 불안을 느낀 왕은 태자를 위해 세 군데에 눈부신 궁전을 지어줍니다. 봄과 가을, 여름, 그리고 겨울을 위한 거처였습니다.

태자가 장성하자 왕은 서둘러 대신 마하나마의 딸 야소다라와 혼인을 시킵니다. 뒤늦게 자식을 본 왕으로선 태자에게 처자가 생기면 세상일에 보다 관심을 가질 수 있을 거라는 판단이 있었을 것입니다. 그러나 왕이 온갖 노력을 기울였어도 태자는 끝없이 갈등했던 것 같습니다.

하루는 태자가 성의 동쪽 문으로 나와 숲을 향할 때 힘겹게 걸어가는 노인을 만납니다. 남쪽 문으로 나가선 고통스럽게 신음하는 병자를 만나지요. 그리고 서쪽 문으로 나가 버려진 시신을 발견했습니다. 말하자면 생로병사 가운데 세 가지를 두루 본 것입니다.

언젠가 늙고 병들어 죽고 말 자신의 모습을 생각하니 태자는 그 동안의 세월을 허비한 듯해 뼈저린 참회를 합니다. 그 때문에 스승과 수행자를 찾아다니며 문제의 해결을 얻으려 했습니다. 그러나 아무도 그에게 올바른 해답을 주는 이는 없었습니다.

태자가 하루는 수레를 타고 북문으로 나갔을 때였습니다.

낡은 옷을 걸친 채 걸식하는 수행자 한 사람을 봅니다. 모습은 남루했지만 마음이 흐트러지지 않은 채로 안정돼 있음을 태자는 엿볼 수 있었습니다. 저 사람이 어떤 사람인가를 대신들에게 물어봅니다. 중생을 구제하기 위해 진리를 찾아 길을 떠난 수행자라는 대답을 들은 태자는 얼굴빛이 환해지는 기쁨을 얻습니다. 자신이 가야할 길이라는 판단을 했던 것이죠. 이를 두고 '사문유관(四門遊觀)'이라고 합니다.

반드시 네 문에서 한 가지씩을 보았다고 하기보다는 그런 인식을 꾸준히 했다고 이해해도 될 것 같습니다. 《불본행집경》에는 작병천자가 신통력으로 네 사람의 형상을 보여 주었다고 기록돼 있습니다. 아마도 태자가 부처가 될 분이었음을 강조하기 위해 후대에 쓰인 내용이 아닐까 싶기도 합니다.

출가사문을 만난 뒤로 내내 망설이던 태자는 왕에게 출가의 뜻을 밝힙니다. 하지만 왕은 나라의 후사가 끊기면 안 되니 아들을 낳고서 생각하라고 간곡히 당부합니다. 아들을 낳으면 자식에 대한 집착이 생겨서 결코 출가할 수 없으리라는 왕의 계산이 있었겠지요.

마침내 아내 야소다라가 아들을 낳자 태자는 출가의 뜻을 실천으로 옮깁니다. 어느 날 문득 잠에서 깬 태자는 주위를 둘러보았습니다. 밤늦도록 만취해 놀던 미희들이 쓰러져 험하게 자는 모습을 바라보며 태자는 문득 서문에서 보았던 시신들을 떠올립니다. 그 휘황찬란했을 궁전조차 묘지로 여겨지는 것이었습니다.

태자는 마부 찬타카가 끄는 말을 타고 성문을 나섭니다. 이를 '유성출가'라고 하지요. 성문을 나온 태자는 카필라성을 바라보며 이렇게 외칩니다.

"나는 이제 차라리 절벽 위에서 몸을 던져 큰 바위에 떨어질지언정, 독약을 먹고 목숨을 끊을지언정, 스스로 아무 것도 먹고 마시지 않아 죽을지언정, 만약 내가 다짐한 대로 중생들을 고통의 바다에서 해탈시키지 못한다면, 결단코 카필라성으로 돌아가지 않으리라."

아노마 강가에 도착한 태자는 부왕에게 반드시 위없는 깨달음을 이룬 뒤 찾아뵙겠다는 말을 전해달라며 마부와 말을 돌려보냅니다. 그 자리에서 스스로 수염을 베고 치렁치렁한 머리카락도 베었습니다. 누더기를 걸친 사냥꾼을 만나자 세속의 권위를 상징하는 자신의 옷과 바꿔 입었습니다.

이제 싯달타는 태자에서 수행자가 된 것입니다. 왕좌를 버리고 온갖 영화를 버리고 그는 새로운 길을 찾아 떠납니다. 기존의 삶과 전혀 딴판인 수행의 길로 떠난 그를 두고 미국의 불교학자 라후라는 '위대한 포기, 위대한 출가'라고 찬탄한 바 있습니다.

출가의 길에서 그는 여섯 분의 스승을 만납니다. 그들로부터 깨달음을 얻기 위한 고행을 지도받지만 그것이 진리에 이를 수 없음을 봅니다. 이후 다섯 명의 수행자와 함께 길을 떠난 그는 네이란자 강이 흐르는 가야산에 머물면서 한 나무 아래에 앉아 극심한 고행에 듭니다. 그때의 모습을 《방광대장엄경》에선 이렇게 묘사하고 있습니다.

> 살갗은 익지 않은 오이처럼 말라비틀어진 것 같았으며 수족은 갈대와 같았고 드러난 갈비뼈는 부서진 헌집의 서까래와 같았으며 척추는 대나무 마디와 같았다. 뱃가죽을 만지면 등뼈가 만져지고 손을 들어 몸을 만지면 몸의 털이 말라 떨어졌다. 해골이 드러나고 눈이 깊이 꺼졌으며 일어서려면 머리를 땅에 박고 넘어졌다. 그러나 오직 눈만은 깊은 우물 속의 별과 같이 반짝이며 빛나고 있었다.

눈물겨운 고행의 모습이 아닐 수 없습니다. 이런 부처님의 모습을 사실적으로 묘사한 고행상이 파키스탄의 라호르 박물관에 모셔져 있습니다. 갈비뼈가 드러날 대로 드러난 위에 가느다란 혈관이 새겨져 있는 그 고행상은 바라보는 우리들에게 참으로 많은 것을 시사해 줍니다.

현재 인도의 전정각산(前正覺山, 부처님이 깨달음을 이루기 전에 머물렀던 산이라는 의미)에는 부처님께서 고행하시던 굴이 남아 전합니다. 그 굴 곁에는 티벳사원이 세워져 있고 굴 안에는 고행하시는 부처님상이 모셔져 있습니다.

전정각산 아랫마을은 둥게스리라고 불리는 천민 마을입니다. 4성 계급이 분화돼 지금은 수천수만 개의 계급으로 나누어진 인도사회에서 가장 많은 천민들이 모여사는 곳이 둥게스리입니다. 몇 해 전까지만 해도 전정각산을 순례하는 순례자들에게 손 내밀어 구걸하는 일로 소일하는 참으로 못 배우고 가난한 사람들의 동네였지요.

그러나 지금은 달라졌습니다. 우리나라의 법륜스님과 한국 JTS라는 단체에서 이 마을에 학교를 지었기 때문입니다. 부모 손에 이끌려 구걸하던 아이들의 손에 펜이 주어지고 공책이 나누어졌습니다. 공부하면 뭐하냐고 만류하던 부모들도 이젠 스님을 보면 합장을 합니다. 나면서부터 죽을 때까지 구걸밖에 모르던 그네들 삶에 빛과 희망이 생긴 것입니다. 이제 수자타 아카데미라는 이름의 그 학교는 인근에서 가장 명문학교로 자리잡았습니다. 부처님께 깨달음의 공양을 올렸던 강 건너 마을의 소녀 수자타의 이름에서 따왔습니다. 천민 마을의 학교로 양민 마을의 아이들이 전학오는 일이 잦아질 만큼 전정각산 아랫마을엔 큰 변화가 일고 있습니다. 부처님께서 육년 고행하셨던 그 땅 위에 이젠 인도식 삼귀의례 소리가 드높습니다.

치열하게 고행에 든 부처님을 경전 기록처럼 사실적으로 묘사한 고행상.
3세기경 조성된 이 고행상은 현재 파키스탄 라호르 박물관에 모셔져 있다.

고행자로 고통스레 수행하기를 6년 세월이 지났습니다. 그
세월을 보낸 뒤에 수행자 고타마는 말할 수 없이 허약해진 육
체로는 몸을 회복할 수 없을 뿐 아니라 진리를 구할 수 없다고
판단합니다. 그는 다 헤진 옷을 버리고 시체들이 쌓인 숲에서
누더기 천을 주워 입습니다. 네이란자 강에 들어가 목욕을 하
고 우루벨라 마을의 수자타 아가씨가 공양올리는 우유죽을 받
아 드십니다. 그러자 옛날의 빛나는 모습으로 되돌아왔다죠.

　　이제 수행자 고타마는 발걸음을 옮겨 보리도량으로 가십니
다. 핍팔라 나무 아래에 목동이 깔아주는 길상초를 깔고　동쪽
을 향해 앉은 그는 이렇게 서원을 세웁니다.

　　'비록 내 온몸의 살과 피가 다 마르고 피부와 힘줄과 뼈가
다 마르고 부서지더라도 내 기필코 위없는 깨달음을 이루기 전
에는 절대 이 가부좌를 풀지 않으리라!'

　　보리도량에 앉아 선정에 든 고타마 수행자에게 마왕 파순
이 나타나 아홉 가지 방법을 써서 유혹을 합니다. 그 어떤 유혹
에도 흔들림이 없자 마왕은 부처님께 여쭙니다.

　　"내 공덕과 과보는 나도 알고 그대도 알고 있다. 그렇다면
당신의 과보는 누가 증명할 것인가."

　　이 순간 부처님께서는 선정에 드셨던 오른손을 조용히 무
릎으로 내리시곤 손가락을 뻗쳐 두번째 손가락을 대지로 향한
다음 이렇게 말씀하십니다.

　부처님과 보살 재미있는 이름이야기

"만물이 생성되고 돌아가는 대지여, 모든 것을 걸림없이 평등히 받아들이는 대지여, 나를 위해 진실한 증인이 되어다오. 원컨대 진실을 말해다오."

그 순간 대지가 진동하고 대지의 신이 땅에서 솟아나 부처님께 "내 당신을 위해 증명하겠습니다"라고 했습니다.

그 순간 마왕 파순과 군사들은 두려움 속에 뿔뿔이 흩어지고 말았습니다. 마침내 수행자 고타마는 모든 악의 항복을 받으시고 청정한 선정에 들게 되죠.

하늘이야 가릴 수 있지만 땅은 언제나 보고 있다는 의미에서 땅의 신에게 증명을 받는 것은 오랜 옛날부터 이어져온 인도의 방법이라고 합니다.

이런 부처님의 모습을 여실히 볼 수 있는 곳이 있습니다. 세계 인류의 문화유산으로 선정된 토함산 석굴암 부처님입니다. 석굴암의 본존불은 마왕의 이야기를 접하신 부처님께서 대지의 신들에게 증명받는 바로 그 순간을 표현하고 있습니다. 오른손을 무릎에 내리고 둘째 손가락을 살짝 들어 땅을 향하는 모습, 이런 부처님 손모양을 일러 '항마촉지인'이라고 하죠. 마왕을 항복시키며 땅을 가리킨 손가락 모습이라는 의미입니다.

석굴암 부처님을 두고 더러 아미타 부처님이라고 보는 견해도 있습니다만, 항마촉지인인 이상 이 분은 석가모니 부처님의 깨달음의 모습을 담은 성도상으로 보아야 할 것입니다.

예술적인 감각과 신앙미가 조화를 이루고 있는 석굴암본존 석가여래좌상

부처님과 보살 재미있는 이름이야기

부처님의 생애를 여덟 가지 단계로 나누어 그린 그림을 '팔상도'라고 합니다. 팔상도는 나무 아래에서 마왕의 항복을 받는 '수하항마상'에 이어 처음으로 다섯 분의 제자에게 깨달음의 진리를 전하는 모습을 담은 '초전법륜상'으로 이어집니다.

그 사이 몰록 깨달음을 얻는 성도의 모습이 담겨져 있지 않은 까닭은 수하항마상 자체를 성도의 순간으로 보았기 때문이 아닌가 생각됩니다.

청정한 마음으로 선정에 드신 부처님은 생명의 참모습을 여실히 보게 되었고, 마침내 음력 12월 8일 새벽, 네 단계의 선정과 여섯 가지 신통을 얻은 뒤에 인간의 모든 고통이 무명을 비롯한 열두 가지 인연으로 이어지고 있음을 깨닫고, 샛별을 보며 간 위없는 깨달음을 완성하십니다.

수행자에서 깨달음을 얻은 부처님이 된 순간 그는 큰 소리로 다음과 같은 사자후를 하십니다.

"이제 어둠의 세계는 사라졌다. 내 이제 다시는 고통의 수레에 들지 않으리. 이것을 고뇌의 최후라 선언하며 이제 부처의 세계를 선포하노라."

부처님이 깨달음을 이루신 보리수나무 아래에는 금강보좌가 자리하고 있습니다. 그 당시의 보리수나무는 아니지만 수백 년 된 보리수나무가 신성한 모습으로 서서 무수한 참배객들을 품어 안 듯 맞이합니다. 부처님이 깨달음을 이루신 그날을 기려 전세계의 불자들이 모두 그 성지를 찾습니다. 저마다 신앙하는 모습도 얼굴빛 만큼이나 제각각입니다. 그러나 간절한 귀의심, 그 뜨거운 신앙의 눈빛은 누구라도 닮아 보입니다.

깨달음을 이루신 순간부터 우린 부처님으로 불러야 할 것입니다. 석가모니 부처님이 태자에서 수행자로, 수행자에서 다시 진리를 깨달으신 성자가 되는 과정까지만 살펴보기로 합니다. 무엇보다 중요한 것은 부처님의 일대기를 손수 찾아 읽어야 한다는 점입니다. 구절구절이 얼마나 감동적인지 얼마나 자비로우신 분인지 하염없이 환희의 눈물을 떨구며 이천오백 년 전의 그분과 만나실 수 있을 겁니다.

과거 일곱 분의 부처님 가운데 마지막 부처님이신 가섭불이 이 땅에 계셨다는 믿음이 신라인 사이에 있었다고 합니다. 《삼국유사》에 보면 부처님께서 다녀가셨다는 설화도 전하고 있습니다. 천 개의 절이 서 있었다는 경주 남산에 석가사라는 절터가 남아 전합니다. 깨어진 옥개석과 돌무더기만 남아 있는 그 곳에 얽힌 사연은 이렇습니다.

경덕왕 때 망덕사의 낙성회를 왕이 친히 열었답니다. 그때 아주 누추한 모습의 스님이 찾아와 참석을 요청했습니다. 왕은 끝자리에 앉으라하고 재를 성대하게 마쳤지요. 왕이 누추한 그 스님께 어느 절에 계시냐고 묻자 스님은 비파암에 산다는 것이었습니다.

"어디 가서 왕이 친히 불공 올리는 곳에 참석했다고 말하지 말라."

왕이 농담처럼 말하자 그 스님은 웃으면서 이렇게 답을 합니다.

"왕 또한 진신 석가를 공양했다는 말을 전하지 마십시오."

순간 그 스님은 몸을 솟구쳐서 남쪽으로 날아갔구요. 놀랍고도 부끄러운 왕은 수소문을 해서 그 석가모니 부처님께서 가신 곳을 뒤지기 시작했습니다.

마침내 경주 남산의 참성곡이란 계곡에서 그 스님의 소지품인 지팡이와 바리때만 발견하게 됩니다. 왕은 자신의 경망스러움을 참회하며 비파암 아래에 석가사를 세우고 석가모니 부처님이 사라진 자리에 불무사(佛無寺)란 절을 세웁니다.

어떻습니까? 신라인의 가슴 속엔 이 나라 이 땅이 바로 부처님이 숨쉬는 불국정토라는 사상이 아주 강하게 각인돼 있었던 것 같습니다. 서양의 동화엔 왕자가 유리구두 한 짝의 주인을 찾아 군사를 풀어 신데렐라를 찾지만 적어도 우리의 왕은 눈앞에서 홀연히 사라진 부처님을 그리워하며 산천을 뒤졌습니다. 그런 지도자의 신심이 있었길래 통일신라 경덕왕 때 그 무수한 문화예술이 꽃폈던 게 아니었을까요?

미
륵
불

미래의 부처님이십니다. 부처님이 구제할 수 없었던 중생들을 미래 부처님이 나타나 남김없이 구제한다는 사상 속에서 바로 미륵 부처님이 나타난 것입니다.

부처님 입멸 후 56억 7천만 년째에 가서 이 세상에 나타날 부처님이라고 합니다. 용화 나무 아래에서 성불하신 뒤 단 세 번의 설법으로 2백 72억 사람을 교화한다고 했습니다.

그때까지는 도솔천 내원궁에 머물고 계십니다. 도솔(兜率)이란 본래 족함을 안다는 뜻이지요. 그곳의 미륵 부처님과 함께 있으면 하루가 사바세계의 4백 년에 해당해 오래도록 즐겁게 살 수 있다고 합니다. 하루가 늘 고해와 같은 우리 중생들에겐 참으로 부러운 얘깁니다.

고구려·백제·신라, 이 삼국을 통일시킨 중추적인 역할은 불심으로 똘똘 뭉쳤던 화랑이 담당했죠. 김유신을 비롯한 서라벌의 지혜롭고 용맹스런 젊은 청년들, 그 화랑의 다른 이름은 용화향도(龍華香徒)였습니다. 나라를 위해 목숨을 바쳐도 용화세계에 태어난다고 믿었기 때문에 이들은 더 굳센 용맹을 발휘할 수 있었을 것입니다.

그 부러운 미륵 부처님의 세계(龍華世界)에 나기 위해선 현실세계에서 많은 노력을 기울여야 합니다.

원효스님께서는 도솔천에 왕생할 수 있는 아홉 가지 인연을 이야기 하셨습니다. 끊임없이 정진하고 많은 공덕을 쌓은 자, 탑을 깨끗이 하고 좋은 향과 아름다운 꽃으로 공양한 자, 삼매에 들어 깊은 선정을 닦은 자, 경전을 독송하는 자, 지극한 마음으로 미륵불을 염원하는 자, 계를 받고 청정한 행을 익히며 사홍서원을 잊지 않는 자, 널리 복을 많이 짓는 자, 정성껏 참회하는 자, 미륵보살에게 예배하는 자 등이 그것입니다. 누구라도 할 수 있는 실천 방법이잖습니까? 이런 수행을 통해 이 땅 위에 도솔천을 건설하면 어떻겠습니까?

일연스님의 《삼국유사》에도 미륵신앙에 얽힌 설화들이 전하고 있습니다. 그만큼 삼국시대에 이미 미륵불신앙이 깊숙하게 자리했다는 증거일 테지요.

환란이 있을 때마다 사람들은 미륵 부처님께 의지했습니

다. 미륵불을 희망의 신앙으로 삼았기 때문이지요. 정치·사회적으로 어려움이 있을 때마다 유토피아, 즉 새 시대를 갈망하는 하층민의 간절한 신앙의 대상이기도 했습니다. 그 대표적인 예를 선운사 동불암의 마애불에서 찾아볼 수 있습니다.

선운사 도솔암 아래쪽으로 돌아가면 거대한 바위가 서 있습니다. 그곳에 마애불이 새겨져 있습니다. 예로부터 이 마애불의 배꼽에 신기한 비결이 숨겨져 있다고 전해 오고 있었습니다. 이 비밀문서가 배꼽에서 꺼내지는 날, 한양이 망할 것이라는 소문도 돌았던 모양입니다.

그런데 동학혁명 당시에 이 비밀문서를 꺼냈다고 합니다. 농민들 사이에 손화중이 이 비결(秘訣)을 손에 넣었다는 이야기가 퍼져 가면서 전라도 일대에 수만 명이 집결할 수 있었다는데요. 그만큼 농민들에게 자신감을 주었다는 것이겠지요. 세상을 변혁시키고자 하는 민중들의 발원이 석불에 비결이 있고 그것을 동학군이 가졌다는 믿음으로 번져갔던 것 같습니다. 정말 선운사 미륵 부처님의 배꼽에 비밀문서가 있었는지, 그것을 동학군이 꺼내갔는지는 알 길이 없습니다. 그러나 미륵 부처님에게 기대어 세상의 변혁을 꾀했다는 점에서 옛 분들의 미륵신앙을 헤아려 볼 수 있을 뿐입니다. 근대사의 정점에서 미륵 부처님이 큰 몫을 담당하셨다는 것은 여러 모로 의미 있는 일인 듯합니다.

미륵 부처님이라고도 하고 미륵보살님이라고도 부르지만 서민층에선 그저 '미륵님'으로도 불렸습니다. 가랑비에 옷 젖 듯 불교와 연관 없는 듯이 널리 퍼져 간 신앙이라고 볼 수 있겠 지요. 그 때문에 주택가 한가운데에 돌하루방처럼 생긴 미륵보 살상이 서 있는가 하면 들판 한가운데에 남근석 같은 돌을 두 고 미륵님이라고 부르기도 합니다. 다양하게 미륵신앙이 번져 간 탓일 겁니다.

마을 입구에 미륵 부처님을 세워 두고 핍박과 고통의 생애 를 인내하며 그 온화한 미소를 닮으며 살았을 선조들을 떠올려 봅니다. 여행길에 말입니다. 논밭 한가운데 덩그러니 탑 하나 가 서 있는 모습을 더러 보게 됩니다. 그냥 스쳐 지나지 마시고 잠시 걸음을 멈추시고 다가가 보십시오. 탑은 우리 신앙의 상 징물입니다. 지금은 역사 속에서 제 절터를 잃어버리고 쓸쓸히 논밭 한가운데 자리하고 있지만 언제 어느 때고 본래 모습으로 복원돼야 합니다. 잡초 더미 속의 빈 절터라 하더라도 언젠가 는 우리들의 원력으로 가람의 형상을 갖추고 예배의 대상이 돼 야 하지 않겠습니까.

전북 익산엔 석탑과 당간지주만이 이끼긴 기와와 함께 쓸 쓸히 서 있는 빈 절터가 있습니다. 미륵사지죠. 백제 무왕의 어 릴 적 이름인 서동과 선화공주의 설화가 깃든 절입니다. 백제 최대의 절이었다고 합니다. 규모가 최대였다는 것은 그만큼 미륵신앙이 크게 번성했다는 이야기일 겁니다.

또 다른 미륵사로 충북 중원에 자리한 미륵사를 빼놓을 수가 없습니다. 신라 말 경순왕 때에서 고려 태조 때에 창건된 것으로 추정되는 이 미륵사지에는 현재 친근감이 넘쳐나는 미륵석불이 우뚝 서 계십니다. 마의태자가 신라의 멸망을 서러워하면서 금강산으로 향하는 길에 세웠다는 이야기도 전하는데요. 신기한 것은 오랜 세월 속에 몸체에 이끼가 끼고 불에 탄 흔적도 있지만 미륵 부처님의 상호는 마치 매일 세수라도 하시는 양 환한 얼굴빛이라는 점입니다. 이곳 부처님은 유일하게 북쪽을 향하고 계십니다. 맞은편 월악산 덕주사의 마애불과 서로 바라보도록 조성됐기 때문이라죠.

미륵 부처님 주위에는 지금은 다 허물어진 모습이지만 마치 석굴암처럼 돌을 차곡차곡 쌓아올린 석축이 남아 있습니다. 부분부분 감실이 남아 있어 그곳엔 돌에 여러 분의 부처님 모습이 새겨졌던 것으로 추정됩니다.

미륵 부처님을 모신 전각을 미륵전이라고 부릅니다. 미륵 부처님이 중생을 교화하는 것을 상징한 법당이지요. 용화세계에 머무시는 부처님이라 해서 '용화전'이라고도 합니다. 그곳에 장륙존상을 모신다 해서 장륙전이라고도 부릅니다.

미륵전으로 유명한 곳은 전북 김제의 금산사입니다.

신라 때 진표율사가 미륵 부처님의 수기를 받아 중창한 것

국보 62호로 지정된 금산사 미륵전

으로 알려져 있는데 이곳은 국보 제62호로 지정돼 있습니다. 겉으로는 3층의 형상이지만 안에서는 하나로 이루어진 양식입니다. 1층에는 대자보전(大慈寶殿), 2층은 용화지회(龍華之會) 그리고 3층은 미륵전이라는 현판이 붙어 있습니다.

충북 진천의 보탑사는 목조 3층탑의 형식으로 지어진 가람입니다. 그러나 통층으로 전체가 열려 있는 금산사의 미륵전과 달리 각 층의 역할이 다릅니다. 보탑사는 3층에 미륵전을 두었습니다. 내려오신 미륵불이 정좌하시기 쉽게 조성한 것이라고 합니다.

미륵전의 후불탱화는 주로 용화회상도가 봉안됩니다.

미륵석상으로 으뜸은 역시 논산에 있는 관촉사 석조미륵보살입상(은진미륵)일 겁니다. 무려 38년에 걸쳐 조성한 미륵보살입상입니다. 키만 해도 18미터에 이릅니다. 연꽃을 들고 서 있는 모습 자체는 관음보살상이지만 아무도 그렇게 부르지 않습니다. 한결같이 은진미륵이라고 부르고 있습니다. 관촉사측에서도 관음전이라고 씌어 있던 현판마저 이제는 미륵전으로 고쳐 달았더군요. 그만큼 민중들은 관세음보살조차 미륵 부처님으로 간절하게 받아들였던가 봅니다. 보물 제218호인 이 은진미륵을 두고 역사학자들은 고려시대 지방호족의 모습을 엿볼 수 있다고 지적합니다. 당당한 위엄과 권위를 담은 것으로 보아 지방호족들이 자신의 세력을 과시하기 위해서 자신들의 모습을 상징화했을 수 있다는 겁니다.

경남 통영 부근에 미륵도란 섬이 있습니다. 섬 가운데의 산은 미륵산입니다. 이 미륵산에는 근대의 고승이신 효봉큰스님이 머무시던 용화사를 비롯해 도솔암, 관음사 등의 절이 있습니다. 큰스님의 향기가 여전히 전하고 있는 곳이지요. 우리나라 최초의 해저터널이 통영반도와 이곳 미륵도 사이를 지납니다. 그 맞은편 남해 앞바다에는 미조리(彌助里)라는 마을도 있습니다. 미륵이 도운 마을이란 의미지요. 전국적으로 미륵 부처님을 조성해 두고 미륵 부처님과 인연 있는 땅 이름을 지었던 것을 보면 이 나라 산하대지가 고스란히 용화정토의 세계였는지도 모를 일입니다.

후고구려의 왕 궁예는 스스로를 미륵이라고 불렀습니다. 자신의 두 아들을 청광보살과 신광보살이라 해서 협시보살로 삼기도 했습니다. 물론 그의 혁명은 미완으로 끝나고 말았지만.

가끔씩 자신을 미륵이라고 칭하면서 주위를 현혹하는 사이비 교주들이 여전히 있을 만큼 미륵신앙은 우리의 삶 속 깊이 뿌리내려 있습니다.

미륵신앙의 근본 경전들로는 《미륵상생경》, 《미륵하생경》 그리고 《미륵성불경》이 있습니다. 이 셋을 합해서 미륵삼부경이라 부릅니다. 남인도 바라문 출신으로 미륵보살이란 실존 인물도 있습니다.

로댕의 〈생각하는 사람〉은 그 얼굴 표정이 심각한 고뇌에 차 있습니다. 한때 그가 뭘 생각할까 하는 우스갯소리가 유행처럼 오간 일이 기억납니다. 턱을 고인 모습만으로는 닮은 듯해 보이는 우리의 성보 조각작품으로 〈미륵반가사유상〉이 있지요. 그러나 로댕의 〈생각하는 사람〉과 〈미륵반가사유상〉은 동서양의 차이만큼이나 그 의미가 다릅니다. 근육질의 사나이가 고뇌하는 모습과 온유한 보살님이 환희심 속에 젖어 사유하는 차이란 하늘과 땅처럼 엄청난 차이일 겁니다.

미륵 부처님이 도솔천에 머물다가 다시 태어날 때의 기간까지 먼 미래를 생각하며 명상에 잠긴 모습이 곧 〈미륵반가사유상〉입니다. 혹자는 석가모니 부처님이 출가 전에 깊은 사색에 잠겼을 때의 모습이라고도 합니다.

일본의 국보 제1호가 〈미륵반가사유상〉입니다. 사유하는 보살상의 아름다움에 반해서 어떤 미술대학 학생이 뛰어들어 왈칵 끌어안았다지요. 이 국보 1호는 우리나라 태백산맥 일대에만 자생하는 붉은 소나무로 만들어진 것으로 밝혀졌습니다. 우리 선조들의 손길로 만들어졌다는 증거지요.

우리나라의 국보 제83호인 〈금동미륵보살반가사유상〉이 일본 국보 제1호의 원형이라고 할 수 있을 겁니다. 국보 제83호는 여성적인 섬세함으로 한국미술 5천 년의 대표적인 걸작으로 손꼽히는 미륵 부처님입니다.

국보 83호 금동미륵보살반가사유상

미륵불이란 범어로 우정과 친구, 자비로움, 인정이 많다 등을 상징하는 마이트레야(Maitreya)에서 나온 말입니다. 어려움을 겪는 친구와 괴로움을 함께 나누는 인정 많은 보살님이란 의미가 아닐까요. 그래서 중국에서는 자씨(慈氏)보살이라고 부르고 있습니다.

비로자나불

두루 모든 곳에 광명을 비춘다는 분이 비로자나 부처님입니다.
부처님의 덕과 힘을 태양의 광대함에 견준 것이지요. 때와 장
소 그리고 사람 등에 따라서 가변성을 띠고 그 모습을 나타낸
다고 합니다. 미혹한 사람의 눈엔 보이지 않지만 오직 한마음
으로 생각하고 맑은 믿음으로 의심하지 않으면 어디에서든지
비로자나 부처님을 만날 수 있다고 합니다.

비로자나 부처님 이름 앞에는 '청정법신'이란 단어가 늘
따라다니는 편입니다. 청정법신 비로자나 부처님.

그러나 《화엄경》에서 비로자나 부처님은 침묵으로 일관합
니다. 수많은 불보살들이 비로자나 부처님의 무량한 광명에 의
지해서 설법하는 형식을 취하고 있습니다.

비로자나 부처님이 장엄하는 세계는 특별한 세계가 아니라 바로 우리가 살고 있는 현실세계라는 특징을 가지고 있습니다.

"금강산 찾아 가자 일만이천봉……"

어렸을 적 고무줄놀이 하며 불렀던 그 금강산 일만이천 봉우리에는 두루두루 불교적인 이름들이 달려 있습니다. 관음봉, 석가봉……. 그 일만이천봉 가운데 가장 으뜸가는 봉우리의 이름은 비로봉입니다.

통일신라 말기에 구산선문이 들어올 무렵 밀교도 크게 유행돼 신라신앙의 변천을 가져오기도 했는데, 이때 절마다 지권인을 결(結)하는 비로자나불상이 새롭게 유행했습니다.

전남 장흥 보림사와 경주의 불국사, 그리고 철원 도피안사의 비로자나 부처님이 손꼽히는 비로자나 불상입니다.

도피안사의 부처님은 신라 경문왕 5년(865)에 신도 1천 5백 명이 운집한 가운데 점안식을 가졌다고 전합니다. 당대에 그 많은 불자가 모였다니 여간 대단한 불사가 아니었던 것 같습니다. 당대의 신심이 그 정도의 수준이었음을 엿보게도 됩니다.

비로자나불의 신앙은 고려의 태조 왕건이 나라를 세우면서부터 광범위하게 번져갑니다. 개경에 법왕사를 비롯해 열 개의 절을 창건하는데 이때 법왕사에 비로자나불을 주존불로 모셨구요. 이후로 바르게 살기를 기원하는 비로자나 참회재가 종종 열렸습니다. 비로자나 참회재란 화엄경을 독송하면서 비로자

경주 불국사에 안치된 금동비로자나불 좌상

나 부처님께 예경하고 죄업을 참회하는 법회를 말합니다.

밀교에서 최고의 부처님으로 숭상되고 있는 이 비로자나 부처님은 대일여래라고도 부르지요. 우리나라에서는 보기 드물지만 일본은 대부분이 밀교가 강해서 대일여래를 본존불로 모시는 편입니다.

신비주의적인 상징성을 통해서 대승불교 이념을 구현하려는 일환으로 생겨난 것이 밀교의 대일여래사상이지요. 《대일경》이나 《금강정경》에 의하면 비로자나 부처님의 지권인에 두 가지가 있다고 합니다. 하나는 두 손을 가슴 앞으로 올려 왼손의 둘째손가락을 오른손 주먹으로 쥐는 형상이며(이때 오른손은 부처님의 세계를, 그리고 왼손은 중생계를 상징함) 또 하나는 무릎 위에 두 손을 겹친 모습이 그것입니다.

불국사 비로전의 부처님처럼 왼손과 오른손이 반대로 표현된 것도 더러 있습니다. 다른 나라의 비로자나불이 불상 조성의 기준에 따라 한결같이 조성됐다면 우리의 선조들은 기준을 바탕으로 보다 독창성을 발휘했다고나 할까요. 이러저러하게 조성하라는 기준을 자유자재로 뛰어넘어 불상을 조성할 수 있었던 그 시대의 폭넓은 문화가 참으로 그립습니다.

대일여래 부처님을 중심으로 우주의 세계를 그려 넣은 것이 만다라입니다. 금강계만다라는 전체를 아홉으로 나누어 중앙에 대일여래를 모시고 주위 팔방에 1천 4백 50분의 부처님을 배치하고 있습니다. 태장계만다라(胎藏界曼茶羅)에선 전체를 열두 개로 나누어 중앙에 대일여래를 모시고 4백 54분의 부처님을 배치하고 있습니다.

언젠가 달라이 라마가 머물고 계신 티베트 지방에 관한 영상을 본 일이 있습니다. 그곳의 화려하고도 장엄한 만다라는 순전히 모래로 만들어집니다. 형형색색의 모래로 오랜 시간 공들여 정밀하게 만다라가 조성된 뒤에 어떻게 되는지 아십니까. 한 순간에 그 모래를 흩어 버립니다. 정말 허망하더군요. 어떤 보살님은 '차라리 날 주지'라며 안타까워하던데요. 세상만사란 이렇게 공한 것임을 한 순간에 일깨워 주는 의식이었습니다.

그렇게 만든 티베트 만다라가 서울 양재동의 구룡사에 장엄돼 있습니다. 그곳에 가면 빼놓지 말고 찬찬히 살펴보시기 바랍니다.

서역지방과 돈황지방에서 볼 수 있는 비로자나 부처님의 그림에는 몸에 여러 형상의 세계를 표현하고 있습니다.

운강석굴 제18굴의 비로자나 부처님은 법의에 천불이 새겨져 있습니다. 발라와스트 비로자나불에는 해와 달을 비롯한 각종 상징 문양들이 새겨져 있기도 합니다. 이는《화엄경》에서 설하는 세계관을 단순화시켜서 비로자나 부처님 몸에 표현한 것입니다.

해인사 법보전 비로자나불 좌상

부처님과 보살 재미있는 이름이야기

《화엄경》에 나오는 비로자나 부처님은 모든 부처의 본체, 즉 진리의 몸을 뜻하는데요. 화엄사상의 입장에서 본다면, 비로자나불은 모든 부처의 근본이고 중심으로 간주되는 부처님이시죠.

인도에서는 바이로자나(Vairocana)라고 불렀습니다. 청정한 법신인 비로자나 부처님은 《화엄경》에 이르길 "항상 고요와 빛으로 충만한 상적광토에서 법을 설하신다"고 했습니다.

그곳이 바로 비로전입니다. 비로전 혹은 화엄전의 경우엔 비로자나 부처님만을 모시고 있습니다. 그러나 좌우에 노사나불과 석가모니불을 모실 경우엔 주로 대광명전, 대적광전이라고 부르지요. 비로전(毘盧殿)의 비(毘)자가 읽기 어려운가 봅니다. 많은 분들이 비로전 현판 앞에 서서 "저 글자가 뭐지? 무슨 로전이라고?" 하면서 고개를 갸우뚱거리는 모습을 종종 보게 됩니다. 전각 이름과 그곳에 모셔진 분을 연관시켜 기억해 두시는 것도 좋을 듯합니다.

경북 영풍에 비로사가 있습니다. 의상스님의 제자 진정스님이 창건한 절로 임진왜란 때 건물은 모두 불타 없어졌으며 현재 새로 지은 법당에 석조 비로자나 불상과 당간지주 등이 남아 전할 뿐입니다.

《범망경》에 이르기를 우주는 큰 연꽃으로 이뤄져 있다고 했습니다. 그 연꽃 속에는 무한한 세계가 자리하고 있고, 우리가 살고 있는 세계 역시 그 세계 속에 들어 있다고 하지요. 이를 연화장 세계라고 합니다. 비로자나 부처님은 그 세계에서 우주만물을 모두 조정하신다 해서 연화장 세계의 교주라고 불립니다.

아미타불

대승불교국가에서 가장 인기 있는 부처님이 아미타 부처님일 겁니다. 독일의 불교학자 에테르 교수는 그의 저서 《종교-역사와 현재》의 불교 항목에서 "아미타 부처님의 새로운 구제종교는 그것 이전의 불교와는 대단히 다르다. 어쩌면 이는 하나의 새로운 종교라고 말하는 편이 좋을지 모르겠다"고 이야기할 정도였으니까요.

드라마에 스님이 등장할 경우 통상적으로 '나무아미타불 관세음보살'이라고 하더군요. 일상 속에서도 자주 사용되고 있습니다. 그러나 성격이 다른 두 분을 동시에 부른다는 것은 결코 불교적인 것 같지는 않아 보입니다. 나무아미타불이든 나무관세음보살이든 한 가지로 염불하는 것이 바람직하지 않을

부석사 무량수전 내의 아미타여래좌상

까요. 나무란 '귀의합니다. 돌아가 의지합니다' 하는 의미지요.

극락전 · 미타전 · 무량수전 · 무량광전 등은 아미타불을 모신 법당입니다. 무량수전으로 유명한 곳은 영주 부석사입니다. 미술사학자 고 최순우 선생은 '무량수전 배흘림기둥에 서서 사무치는 고마움으로', '사뿐히 고개를 든 지붕 추녀의 곡선과 기둥의 조화', '문창살 하나 문지방 하나에도 나타나 있는 비례의 상쾌함' 등에 관해 부석사 무량수전의 아름다움을 수필로 남기셨습니다. 그 글 구절구절이 너무 명문이라 읽어 내려가는 동안 가슴 뜨거웠던 기억이 새롭습니다. 이 땅 성보 문화유산에 대한 찬탄을 엮은 그 책은 《무량수전 배흘림기둥에 기대서서》라는 제목으로 출판돼 있기도 합니다.

미타신앙은 관음신앙과 함께 신라 때부터 대단한 성황을 이뤘다고 합니다. 집집마다 아미타불을 염하는 소리가 끊이지 않았다지요. 스스로 복성거사가 된 우리의 원효스님이 저잣거리와 촌락을 돌며 노래하고 춤추며 부처님 법을 전했을 때, 가난하고 무지몽매했던 이웃들조차 아미타 부처님을 부르게 되었다지 않습니까.

《삼국유사》에서 특히 아미타신앙에 관한 많은 일화들을 만나볼 수 있습니다. 노힐부득과 달달박박이 수행 끝에 마침내 신라의 현실 속에서 아미타불과 미륵불이 되었다는 일화가 전하구요. 그런가 하면 욱면의 일화는 놀랍기까지 합니다. 욱면이란 여자노비가 지성으로 아미타불을 염불한 끝에 법당의 들보를 뚫고 하늘로 올라가 서방극락세계로 갔다고 하는 일화 말입니다. 여성의 신분으로 그리고 신분제사회 속에서 노비의 신분으로 성불한 모습은 충격적이고도 감동적입니다. 이 밖에도 서방극락정토에 가길 기원한 광덕과 엄장의 왕생설화도 있습니다.

《삼국유사》 권3에는 신라의 태자가 오대산에 들어가 각 불보살님을 친견하는 중에 서대에서 무량수여래를 위시해서 만 명의 대세지보살에게 공경 예배했다는 기록이 전합니다. 무량수여래는 곧 아미타 부처님이시죠. 오늘날까지 아미타 부처님과 극락세계를 신앙하는 믿음은 이어지고 있습니다.

《정토삼부경》에 실린 아미타불의 본생연기를 살펴보면 다음과 같습니다.

아주 먼 옛날에 세자재왕 부처님이 이 세상에 출현하셨는데 그때 한 나라의 왕이 그 부처님의 법문을 듣고 구도심을 일으켜 출가를 하십니다. 그가 법장스님이지요. 왕위를 버리고 출가한 법장스님은 일체중생을 구제하기 위해 48대원을 세웁니다. 그 원이 한 가지라도 이뤄지지 않으면 성불하지 않겠노라고 굳게 서원하며 보살도를 닦습니다. 그리고는 마침내 무량수명 무량광명의 덕으로 서방에 극락세계를 이루게 됩니다. 그분이 바로 아미타 부처님이십니다.

보살도를 닦아 극락세계를 성취하신 법장스님처럼 우리 역시 견실한 보살도를 닦아야 하지 않겠습니까.

두 권의 《무량수경》과 한 권의 《관무량수경》 그리고 한 권의 《아미타경》을 합해서 정토삼부경이라고 합니다. 이 정토삼부경은 중앙아시아와 중국, 우리나라를 비롯한 여러 나라에 전해져 커다란 영향을 주는 아미타신앙의 중심 경전입니다.

정토삼부경에선 극락세계를 이렇게 표현하고 있습니다.

국토의 중생은 모든 고통이 없고 즐거움만 받기 때문에 극락이며 그 부처님과 백성들은 수명이 무량하기 때문에 아미타라 한다.

누구든지 아미타불을 믿고 일심으로 염불하면 극락국토에 왕생한다고 했습니다. 한마음으로 염불 정진하시기 바랍니다.

약사여래불

본래 이름은 약사유리광여래 부처님입니다. 줄여서 약사여래 부처님 혹은 대의왕 부처님이라고도 하지요.

약사여래 부처님은 한 손에 약병을 들고 계십니다. 아픈 중생들에게 나누어 줄 약이 들어 있겠죠. 건강한 신체에 건강한 정신이라 했던가요? 사실 몸 아픈 고통만큼 처절한 것이 또 어디 있습니까.

그런데 역사를 보면 나라가 어려움에 처했을 때에도 임금이 약사도량을 베풀곤 합니다. 어째서 약사여래 부처님이 외적을 물리치는 역할을 한다는 믿음이 있었을까요?

온갖 병고를 없애 주고 재난을 소멸시켜 주는 부처님이기 때문입니다. 《약사여래본원경》에 보면 약사여래불은 항상 12

신장을 곁에 두고 중생을 제도합니다. 질병을 면하게 해 주실 뿐 아니라 의식도 부족함이 없게 하시고 재난도 소멸시켜 주신다고 했습니다. 그 때문에 왕들이 재난을 당할 때면 약사도량을 베풀었던 것입니다.

약사유리광 부처님은 과거에 약왕이란 이름의 보살로 수행하면서 중생의 아픔과 슬픔을 소멸하기 위해 열두 가지 대원을 세워 실천했다고 하죠. 그 열두 가지 서원을 소개하면 다음과 같습니다.

> 내 빛이 두루 비춰서 모든 중생이 깨달음을 얻으며, 그 빛을 보고 모든 중생이 어둠에서 벗어나 지혜로워지며, 한량없는 방편으로 모든 중생이 필요한 물건을 모두 얻게 하며, 삿된 길로 가는 중생을 대승의 보살도로 향하게 하며, 불구자나 병으로 고통받는 이웃들이 내 이름을 듣고 지극한 마음으로 부르면 다 낫게 하며, 모든 중생이 계율을 잘 지켜 나쁜 곳으로 떨어지지 않게 하며, 가난에 허덕이는 자는 내 이름만 들어도 재물이 풍부하고 몸과 마음이 안락해지게 하며, 여인은 대장부의 모습으로 깨달음에 이르게 하며, 삿된 견해에 사로잡힌 이들은 모두 바른 견해를 얻게 되며, 옥에 갇혀 고통 받는 자가 내 이름을 듣고 외우기만 해도 고초를 겪지 않으며, 굶주림에 허덕이며 악업을 짓는 자가

내 이름을 외기만 해도 배부르고 온갖 기쁨을 누리게 되며, 추위와 더위에 고통받는 자가 그 이름을 듣고 외기만 해도 원하는 대로 의복과 장신구를 얻을 수 있게 하리라.

덕이 높아 중생을 모두 깨우치려는 원, 모든 불구자나 병고자로 하여금 완전하게 낫게 하려는 원, 모든 고난으로부터 모든 중생을 구하려는 원, 모든 중생의 기갈을 면하게 하고 배부르게 하려는 원 등이 그것입니다. 이를 보더라도 약사여래 부처님은 단순히 중생의 병고를 구제하는 데에 그치지 않음을 알 수 있지요. 이와 같은 발원으로 성불하셨기 때문에 중생이 기원하면 다 소원을 성취시켜 주신다고 합니다.

약사여래의 이름을 외고 빌면 모든 재액이 소멸되고 질병이 낫는다는 현실구복적인 신앙은 서민들에게 호소력 있게 파급될 수밖에 없었습니다. 우리나라에서는 신라 때부터 약사신앙이 성행하게 되는데요. 전쟁 속에서 많은 희생자와 부상자가 속출하면서 어쩌면 약사여래 부처님은 새로운 메시아와 같은 존재였을 것입니다. 《삼국유사》 신주(神呪) 제6 '밀본최사' 조에는 선덕여왕의 병에 관한 설화가 실려 있습니다. 여왕이 병들었을 때 온갖 약을 다 써도 효험이 없자 모두들 근심하고 있었습니다. 이때 밀본스님이 찾아오셔서 향을 사르고 《약사경》을 외었다지요. 그 즉시 왕의 병이 나았다고 합니다. 경덕왕 때에는 분황사에 30만 7천 6백 근의 청동으로 거대한 약사여래상이 봉안됐습니다.

신라 말 나라를 잃은 마의태자와 덕주공주가 금강산을 향해 가는 길에 충주 땅 월악산에 절을 짓습니다. 덕주사가 그것입니다. 빈터 위에 세워진 오늘날의 덕주사엔 돌로 조성한 약사여래 부처님이 모셔져 있습니다. 그런데 눈도 없고 코도 없고 입도 없는 약사여래 부처님입니다. 엄밀히 말하자면 없는 것이 아니라 없어져 버린 것입니다. 건강을 기원하는 사람들이 약사여래 부처님의 얼굴을 떼어다 갈아먹었기 때문이지요. 얼마나 건강이 절실했으면 부처님의 얼굴까지 떼어가야 했겠습니까. 그런데도 부처님 모습은 흉칙하다거나 민망한 모습으로 여겨지지 않습니다. 이쪽저쪽 다 떼어주고도 넉넉하신 모습이지요.

이렇듯 약사신앙은 복덕과 장수 그리고 건강과 행운을 비는 신앙이었습니다. 그 때문에 무수한 서민들이 약사여래 부처님께 의지해 왔습니다.

5 · 18 광주민주항쟁으로 수많은 사람들이 쓰러져 가지 않았습니까. 그렇게 무수한 주검을 딛고 5공화국을 건설한 전두환 씨는 민심을 수습할 여러 생각을 모았던 모양입니다. 그 일환으로 민주항쟁으로 죽어간 넋을 위로할 약사여래 부처님을 조성하게 됩니다. 이때 세워진 분이 경기도 광탄의 보광사 초

입에 우뚝 서 계신 약사여래 부처님이십니다.

진심으로 사죄하며 무고한 생명의 넋을 기리기 위해 세운 것인지, 자신의 불안을 씻기 위해 세운 것인지는 알 수 없습니다. 다만 오늘도 광탄 약사여래 부처님은 변함없는 모습으로 중생의 아픔을 소리없이 치유하고 계십니다.

현재 건강을 위해 봉행되는 약사신앙의 기도의식은 다양합니다. 절 안에 약사전, 만월보전 등이 다 약사여래를 모신 법당이지요. 약사여래 부처님의 좌우엔 일광보살과 월광보살이 모셔집니다. 뒤에 후불탱화로는 동방약사유리광회상도가 봉안됩니다. 대표적인 약사전으로 승보사찰 송광사의 약사전과 강화도 전등사의 약사전이 있습니다.

경북 구미시에 자리한 약사사 법당의 약사여래 부처님과 수도산의 수도암, 황학산 삼성암의 약사불, 이 세 분은 함께 방광했다는 이야기와 함께 삼형제 부처님으로 불리고 있습니다.

현존하는 약사여래 불상으로는 경주 백률사의 약사여래 부처님이 으뜸입니다. 당당하고 듬직한 체구의 금동불로 현재 경주 국립박물관에 모셔져 있습니다.

지금은 자취를 찾아보기 힘들지만 오랜 옛날엔 약사여래 부처님을 본존으로 모신 약사사가 무수히 있었을 것입니다. 우리 선조들이 세운 약사사가 현재 일본에 남아 있기도 합니다. 일본의 나라시 약사사는 법상종의 대본산인데 왕후의 병이 낫

금동약사여래불

장곡사 약사여래불

부처님과 보살 재미있는 이름이야기

기를 기원하며 천무천황이 세운 절입니다. 절을 짓는 사이에 왕후의 병이 나았다고 하죠. 일본에서는 약사신앙이 상당히 돈독한 편입니다.

약사신앙의 근본경전으로 《약사여래본원경》, 《약사유리광여래 본원공덕경》, 《약사여래칠불공덕경》 등이 있습니다.

약사여래 부처님은 칠보로 장엄된 동방정유리세계에 머무신다고 하죠. 동방정유리세계는 우리가 꿈꾸는 이상향입니다.

다
보
불

일반적으로 금당 앞에 두 탑이 나란할 경우 마치 쌍둥이처럼 닮은 탑 두 기가 서 있기 마련입니다. 그러나 경주 불국사에 가면 석가탑과 나란히 서 있는 다보탑을 보게 됩니다. 두 탑의 모습에서 높이가 10.4m란 점 외엔 닮은꼴을 찾기는 불가능합니다. 간결하고 장중하며 그 비례까지 아름다워 신라탑의 전형이라 불리는 석가탑과는 달리 다보탑은 마치 목조 건축물을 지어 놓은 듯 정교한 아름다움이 으뜸입니다.

석가탑과 다보탑이 다른 모습을 취한 것을 일컬어 '대칭속의 비대칭'의 아름다움을 취한 독특한 예로 보고 있습니다. 가람 구조가 모두 대칭을 이루고 있는 그 사이에서 서로 다른 모습인 비대칭을 통해 또 다른 아름다움을 창출했다는 것이죠.

통도사 영산전 다보여래 벽화

신라인의 미의식은 이처럼 정형화된 아름다움을 뛰어넘은 파격의 아름다움으로 이어지고 있습니다.

다보탑, 이는 《법화경》에 등장하는 다보여래, 즉 다보 부처님의 일화를 고스란히 형상화 해 놓은 탑입니다.

《법화경》의 견보탑품은 다보여래가 《법화경》의 진리를 설하는 석가모니를 찬탄한 뒤에 다보탑 안의 자리 반쪽을 비워서 나란히 앉도록 했다는 내용입니다. 다보탑 맞은편에 서 있는 탑의 이름이 석가탑인 것도 다 그런 이유지요.

이 부처님은 과거에 보살로 있을 때 큰 서원을 세우길, "내 장차 성불하여 중생을 제도하고 마침내 입멸하게 되면 온몸 그대로 사리가 되어 어떠한 부처님이든 《법화경》을 설하는 장소에 반드시 출현하여 그의 설법을 증명하리라" 하였답니다.

그래서 수많은 부처님이 출현하여 《법화경》을 설할 때마다 칠보로 장엄한 탑(寶塔)의 모습으로 솟아올라 이를 증명하였습니다. 석가모니 부처님이 《법화경》을 설할 때도 홀연히 땅속에서 다보불의 전신이 나타나 그 설법을 증명하고 있지요. 다보불 전신이 그대로 사리가 되고 그 사리를 안치한 하나의 보탑이 땅속에서 솟아난 것입니다.

견보탑품에 등장하는 장면을 함께 음미해보실까요?

"가지가지 보물로 장식된 난순(난간기둥과 가로지른 기둥)은 오천이요, 감실이 천만이요, 옆으로 나부끼는 깃발, 길게 늘인 깃발, 그리고 줄줄이 늘인 구슬들, 또 보배로운 방울이 무수히 걸려 화려하고 사면으로 아름다운 향이 풍겨나와 사방에 가득 찼으며 금·은·유리 등 칠보로 된 지붕은 사천왕 궁전까지 닿아있었다."

그때 탑 속에서 이 같은 찬탄의 음성이 배어나옵니다.

"거룩하시고 거룩하시도다. 부처님이시여, 능히 평등한 큰 지혜로 보살을 가르치는 법이시며, 부처님께서 보호하시고 생각하시는 설법은 모두 진실입니다."

한번 상상해 보십시오. 거룩한 가르침이 베풀어지는 현장에 하늘나라에서는 꽃을 비 오듯 뿌려 탑을 공양하고, 땅에서 홀연히 보탑이 솟아나는 장엄한 정경! 상상만으로도 가슴 벅차오르지 않습니까.

《법화경》과 같은 최상의 가르침을 듣기 위해서 몸을 나타내는 분이 바로 다보 부처님이십니다. 그래서 항상 석가모니 부처님과 다보 부처님은 동일한 연화대에 나란히 앉게 마련입니다.

선혜 수행자

아마라바티이라는 도시에 선혜라는 수행자가 있었습니다. 그의 부모는 엄청난 재산을 남긴 채 일찍 세상을 떠납니다. 자신에게 상속된 어마어마한 재산을 두고 선혜는 선조들을 생각합니다.

'내 부모, 그 부모의 부모, 또 그 부모의 부모…… 이렇게 이어지는 오랜 세월 동안 이 많은 재산을 모으기 위해 그분들은 얼마나 고생을 했던 것일까. 이 많은 재산을 두고도 그분들은 한 푼도 가져가지 못했잖는가. 난 죽음조차 빼앗을 수 없는 복덕의 씨앗을 심으리라. 이 썩은 몸을 버리고 대신 욕망이 없는 몸이 돼 반드시 열반에 들리라.'

그는 많은 재산을 온 성안의 가난한 이웃들에게 두루 나누어 주고는 스스로 히말라야산 기슭에서 수행정진을 합니다.

선혜가 수행에 힘쓰고 있을 무렵, 연등 부처님께서 출현하시지요. 번뇌를 소멸한 40만 명의 스님을 이끌고 기쁨이 넘치는 도시 '선현정사'에 머물고 계시다는 소식을 들은 도시 사람들은 연등 부처님을 찾아가 설법을 듣습니다. 다음 날 사람들이 부처님이 오시는 길을 장엄할 때 선혜 수행자가 그 길을 지나게 되었습니다.

선혜 수행자는 출현하신 부처님을 만나기란 얼마나 귀한 인연일까를 생각합니다. 그래서 사람들과 더불어 기쁜 마음으로 길을 함께 수리하지요. 신통력이 뛰어난 선혜 수행자에게는 물이 고여 길닦기가 어려운 장소에서 일이 맡겨집니다. 그가 정성스레 길을 닦고 있을 때 연등 부처님이 다가오셨습니다. 진흙길을 걸어오시는 부처님을 향해 선혜 수행자는 입고 있던 가죽옷을 덮어 깔았습니다. 그것조차 부족하자 그는 머리를 풀고 온몸을 던져 끊어진 길에 다리를 놓으며 부처님 일행을 향해 지극한 마음으로 이야기합니다.

"부처님, 진흙길을 딛지 마시고 부디 제 머리와 몸을 밟고 지나가십시오. 마니구슬로 된 판자를 밟으신다고 여기시어 40만의 아라한들과 제 등 위를 걸어가십시오. 이는 제게 영원한 즐거움이 될 것입니다."

또한 그 순간 선혜 수행자는 크나큰 발원을 합니다.

"세상에는 고통받는 중생이 많으니 나는 연등 부처님처럼 위없는 깨달음을 얻어 마지막 이웃들까지 윤회의 바다에서 건져낸 연후에 비로소 열반에 들겠습니다."

이 광경을 지켜보신 연등 부처님은 선혜 수행자를 향해 장하고 갸륵하다는 찬탄을 하십니다.

"장한 선혜여, 이 지극한 공덕으로 그대는 오는 세상에 결정코 부처가 되리니 그 이름을 석가모니라 부르리라."

신통력이 있는 선혜 수행자가 왜 신통으로써 진흙을 메우지 않고 머리를 풀어 길을 메우고 온몸을 던져 길을 메웠던 것일까요? 지니고 있던 모든 것을 진흙 속에 던져 버리고 오직 진실된 신심 하나만으로 부처님을 뵈려 한 것은 아니었을까요. 그것은 어쩌면 고통받는 이웃들 곁에 온몸을 던지면서 자신을 바쳤다는 의미일지도 모르겠습니다.

선혜 수행자는 연등 부처님 앞에서 발원하면서부터 보살로 불립니다. 《본생경》에는 이후 선혜보살이 선정에 들어 과거보살들이 어떻게 수행했는가를 관찰합니다. 그 안에서 보시에서부터 자·비·희·사까지 10바라밀행을 발견합니다. 그러곤 그것을 반드시 이룰 것을 다짐하지요. 선혜보살은 이후로 수많은 세월 동안 설산동자, 호명보살 등 많고 많은 모습으로 몸을 나투면서 바라밀을 실천합니다. 4아승지 10만 겁의 세월 동안 5백47번의 몸을 받았다고 하던가요. 그런 선업이 쌓이고 쌓여서 마침내 그는 석가모니 부처님으로 이 세상에 오십니다.

연등불

석굴암을 세운 신라의 대신 김대성은 태어났을 때 손에 북두칠
성을 쥐고 태어났다고 하던가요. 위인들의 탄생에 얽힌 이야기
는 신비하기 이를 데가 없습니다.

석가모니 부처님의 전생 이야기를 담은 《본생경》에는 부처
님께서 과거세에 얼마나 많은 공덕을 쌓고 쌓아 이 세상에 오
시는가가 잘 그려져 있습니다. 그 역사는 무려 과거 4아승지
10만 겁의 세월부터 시작됩니다. 아승지라는 숫자나 겁이라는
숫자는 얼마나 많은 세월인지 구체적으로 열거하기 어려울 정
도입니다. 감히 헤아릴 수 없이 많다는 의미 정도로 이해하시
면 좋을 것 같습니다. 연등 부처님은 그 4아승지 10만 겁의 옛
날에 세상에 출현하셨다는 분이십니다.

그 진흙길로 오시는 부처님. 이 한 구절은 우리에게 많은 것을 생각하게 합니다. 사바세계의 고통받는 중생들, 그 삶의 모습이 진흙길로 상징된 것 같습니다. 진흙탕 속에서 연꽃이 피어오르듯 부처님께서는 잘 닦여진 길 대신 진흙길을 택하십니다. 사람들이 진흙길을 닦으며 부처님을 맞이한다는 경전의 구절도 의미심장합니다. 그것은 부처님 오심을 기다려 맞는 것이 아니라 진흙길을 메워 가며 적극적으로 그 길을 닦으면서 기다리는 것이기 때문입니다.

연등 부처님은 태어났을 때 온몸 주위가 등불 같았다고 합니다. 비슷한 예로 탄생에 얽힌 신비를 지닌 부처님들로는 났을 때 온몸 주위에 갖가지 꽃빛깔의 광명이 충만했다 해서 보화 부처님(寶華佛), 태어날 때 많은 보물이 하늘에서 비처럼 퍼붓고 혹은 땅에서 솟아나 장엄했다는 분은 보적 부처님(寶積佛)입니다.

《대지도론》에 이르길 과거 일월등명불에게 여덟 명의 왕자가 있었는데 그 가운데 막내왕자가 바로 연등불이라고 합니다.

유동보살이 수행할 때 일곱 송이의 연꽃을 연등 부처님께 공양올렸다거나 연등 부처님 앞에 깨진 기왓장에 모래를 담아 공양올렸다는 아름다운 이야기도 전합니다. 이때 연등불이 후세에 부처가 될 것이라며 수기를 주시지요. 그 수기를 받고 후에 사바세계에 나타나신 분이 바로 석가모니 부처님입니다.

부처님

불교계에서 글을 쓰는 분들이 더러 이런 지적을 하고 계십니다. 석존, 불타, 붓다 …… 이런 불교용어부터 정리돼야 하는 것이 아니냐구요. 사실 그렇습니다. 최근 들어 부처님이라는 용어가 널리 쓰이고 있긴 합니다. 그럼에도 불구하고 잡지나 불교서적에 쓰이는 단어들은 서로 다른 형편이지요.

불타(佛陀)라는 단어는 범어 붓다(Buddha)의 음을 한역한 것입니다. 불보살이라고 표현할 때처럼 불타를 줄여서 불(佛)이라고도 하지요.

붓다란 깨달은 사람(覺者)을 의미합니다. 우리가 평범한 중생이라면 부처는 깨달음의 경지에 이른 성자인 것이죠. 깨달음에 이르면 중생 누구라도 부처가 될 수 있다는 것이 불교의 정신입니다.

또한 스스로 깨달았을 뿐만 아니라(自覺) 다른 이들도 깨달음에 이르도록 이끄는 존재(覺他)가 바로 부처입니다.

대승불교가 번져가면서 과거 · 현재 · 미래의 많은 부처님들이 생겨납니다. 교리의 발달과 함께 시방세계의 부처님으로 발전해서 한없이 많은 부처님이 출현하게 되지요.

석가모니 부처님은 깨달음과 더불어 보통 사람의 신체와 다른 훌륭한 형상을 지니셨습니다. 그 가운데 눈에 띄게 두드러진 모습을 32상이라 하구요, 아주 미세해서 보기 어려운 것을 80종호라고 합니다. 더구나 신비로운 능력을 지니셨다는 생각이 발전하면서 부처님의 몸에 대한 다양한 불신론(佛身論)이 등장합니다. 그 가운데 대표적인 삼신설(三身說)을 정리하면 다음과 같습니다.

법신불

부처님을 친견하지 못해 안타까워하는 제자에게 부처님께서 이렇게 이르신 바 있습니다.

"나를 보는 자는 법을 보고 법을 보는 자는 나를 본다."

이때의 법은 곧 법신불로서의 부처님을 가리킵니다.

석가모니 부처님께서 세상을 뜨셨지만 그분이 설하신 가르침이 존재하는 한 부처님께서는 우리 곁에 항상 함께하고 계신 것입니다. 적어도 석가모니 부처님의 진리는 나고 없어지는 일이 없잖습니까. 변하지 않고, 영원한 부처님의 가르침이 부처님 모습처럼 항상 존재한다고 해서 '부처님 진리' 그 자체를 법신불이라고 부릅니다. 영원한 생명으로서의 부처님이란 의미입니다.

보신불

석가모니 부처님의 일대기를 보면 그저 어머니로부터 태어난 존재가 아님을 보게 됩니다. 인연의 결과로서 생겨났다는 이야기지요. 법장스님이 48대 원력으로 후에 아미타 부처님이 되듯이 수행의 결과물로 얻어지는 부처님을 보신불이라고 합니다. 세상에 첫선을 보이기 이전에 이미 오랜 과거 동안 쌓은 무수한 공덕과 업보의 대가로 태어난 존재라는 것입니다. 오랜 동안의 인과가 쌓여서 하나의 존재가 된다는 점에서 우리들도 꾸준히 수행 정진하면 부처가 될 수 있지 않겠습니까.

화신불

불변하는 부처님의 진리는 언제나 무한한 힘을 지니고 있습니다. 석가모니 부처님의 모습은 세상에 없지만 그 깨달음의 진리는 무한한 힘으로 변해서 세상에 모습을 드러내게 마련입니다. 인간 구제를 위해서 언제 어느 때라도 적절하고 다양한 모습으로 부처님이 모습을 나투신다는 것이 바로 화신불입니다. 앞에서 소개한 비로자나불이 바로 대표적인 예라고 하겠습니다.

이 같은 삼신설을 더 쉽게 정리해 드릴까요.
하늘에 떠 있는 달에 비유해 볼 수 있겠습니다. 하늘에 떠 있는 본래의 달이 법신불이라면 일시적으로 강물에 비치는 달이 화신불이랄 수 있을 것입니다. 또한 초승달, 반달, 보름달의 달빛이 다르듯이 수행에 따라 빛이 다른 것은 보신불이라 볼 수 있을 겁니다.

여래십호

옛 분들을 보면 어릴 때 부르는 이름이 따로 있고 글쓸 때 사용하는 호가 따로 있는가 하면 돌아가신 뒤에 공덕을 찬양해 임금이 내려주는 이름이 또 있습니다. 자(字)니 아호(兒號)니 해서 사람은 한 사람이지만 그 이름이 십여 개에 달하는 경우도 있습니다.

역사적이고도 불교적인 인물의 여러 이름을 한번 살펴보는 것도 흥미있겠죠. 가령 고려 때 고려대장경을 조성하면서 발원문(대장각판 군신기고문)을 짓고, 동명왕편, 동국이상국집 등을 쓴 신심 깊은 이규보 선생의 처음 이름은 인저, 자는 춘경, 호는 백운거사였으며 말년엔 삼혹호 선생으로 불렸습니다.

임진왜란 때 대단한 활약을 하셨던 서산대사는 어릴 적 이름이 운학, 자는 현응이었으며 호는 청허, 법명은 휴정, 그 밖에 불리던 별호만 해도 백화도인, 풍악산인, 두류산인, 묘향산인, 조계퇴은, 병로 등이 있습니다.

그러니 부처님을 부르는 이름이 무수한 것은 지당한 일이겠지요. 그 가운데 부처님을 부르는 열 가지 이름을 여래십호(如來十號)라고 합니다. 이름이라기보다는 존경의 의미로 부르는 칭호라고 하는 편이 정확할 겁니다. 여래십호는 다른 말로 여러 부처님에게 공통되게 쓰이는 칭호라고 해서 제불통호(諸佛通號)라고도 합니다.

여래(如來)

세상에 진리로 오신 부처님이란 의미입니다.

응공(應供)

복덕을 두루 갖추신 분이라 모든 이들이 올리는 공양을 마땅히 받을 자격을 갖춘 어른이라는 의미지요. 아라한이라고도 부릅니다.

정변지(正遍知)

정각(正覺)이라고도 합니다. 바르고 완전하게 진리를 깨달아서 우주와 인생의 모든 원리를 달통해 모르는 바가 없다는 이름입니다.

명행족(明行足)

과거세를 아는 지혜인 숙명명(宿命明)과 미래세를 아는 지혜인 천안명(天眼明) 그리고 번뇌를 끊어 없앨 수 있는 지혜인 누진명(漏盡明) 등 세 가지 밝음(三明)을 지니고 있는 분이란 뜻입니다.

선서(善逝)

저 언덕(彼岸)에 이르러 다시는 어두운 무명의 세계로 되돌아오지 않고 윤회하지 않는 좋은 세계로 능히 도달하는 분이라는 의미입니다.

세간해(世間解)

세간이고 출세간이고 두루 이해해 모르는 바가 없는 분이라는 이야기지요. 세상의 모든 원리를 알아서 세상 사람들을 구제한다 해서 붙여진 이름입니다.

무상사(無上士)

세상에서 가장 높으신 분이란 뜻입니다. 번뇌를 끊어 더 이상 끊을 것이 없는 분이지요. 이보다 더 완전한 분은 없다는 것입니다.

조어장부(調御丈夫)

모든 중생에게 여러 가지 방편을 통해서 열반을 얻게 하는
분을 가리킵니다.

천인사(天人師)

천상과 인간세상의 스승이란 의미입니다. 그 때문에 무수
한 중생을 바르게 제도하려는 원력을 지닌 분이지요.

불세존(佛世尊)

깨달음을 이루고 다른 이들을 깨달음으로 이끌어서 세상으
로부터 존경을 받는 존엄한 분이라는 의미입니다.

과거칠불

당나라에 백낙천이란 문장가가 있었습니다. 그가 벼슬길에 올랐을 때 당대에 덕 높으신 도림스님을 찾아뵈었지요.

"스님, 제가 평생 좌우명으로 삼고 살아갈 가르침을 하나 일러주십시오."

"나쁜 일을 하지 않고 착한 일만 받들어 행하는 걸 좌우명으로 삼으십시오."

"아니, 스님. 그런 얘기야 삼척동자도 다 아는 얘기가 아닙니까?"

"물론입니다. 삼척동자도 다 아는 얘기지요. 그러나 실은 여든 먹은 노인도 실천하기는 퍽 어렵습니다."

그렇습니다. 나쁜 일 하지 말고 착한 일만 하라는 얘기처럼 단순하고 쉬운 이야기가 또 어디 있겠습니까. 유치원 선생님들이 아기보살들에게 매일 이야기하는 내용을 벼슬길에 오른 대문장가가 들었으니 유치하게 여길 법도 했을 겁니다. 하지만 도림스님 말씀대로 그게 쉬운 일이 아닙니다. 한평생 살면서 윤동주의 시구처럼 '하늘을 우러러 한 점 부끄럼 없이' 살고 있는지 한 번 돌아보십시오. 더구나 요즘처럼 착하게 살면 바보취급 받는 세상에서 이 가르침을 실천하기란 정말 어려운 일이 아닐 수 없습니다. 그러나 그럴수록 더 소중한 삶의 지표로 삼아야 한다는 게 부처님의 가르침입니다. 진흙물이 혼탁하면 할수록 더 청정한 꽃을 피워내는 연꽃처럼 우리들 삶도 그리 돼야 하지 않을까요.

도림스님이 백낙천에게 좌우명으로 삼으라고 일러준 그 가르침은 도림스님의 말씀처럼 전해지고 있습니다. 그렇지만 이 가르침은 과거 일곱 분의 부처님이 공통되게 이르셨던 가르침입니다. 이를 두고 칠불통계게(七佛通戒偈)라고 하지요.

일체 악을 짓지 말고
마땅히 모든 선을 받들어 행하라.
스스로 그 의지와 마음을 깨끗이 하는 것
이것이 곧 모든 부처님의 가르침이다.
諸惡莫作 衆善奉行 自淨其意 是諸佛教

과거칠불이란 지난 세상에 출현하신 일곱 분의 부처님을 말합니다. 그 일곱 분 가운데 석가모니불을 제외한 여섯 분을 간략히 설명하면 다음과 같습니다.

비바시불

과거칠불 가운데 제1불입니다. 과거 장엄겁 중에 출현하신 부처님이죠. 파탈리 나무 아래에서 진리를 깨달았습니다. 한 번 설법에 16만 8천 명을, 2회 설법에서는 10만 명을 그리고 3회 설법에서는 8만 명을 제도했다고 하는데요. 《화엄경소》 제17권에서 비바시 부처님에 대해 상세히 이야기하고 있습니다. 비바시 부처님께서는 이런 가르침도 남기셨습니다.

"참음이 제일의 진리, 위없음이 으뜸이라 출가하였으나 남을 수고롭게 하면 수행자라 할 수 없다."

시기불

푼다리카 나무 아래에서 정각을 이뤄 중생을 교화하신 분입니다. 《사분율》 비구계본에 보면 시기 부처님이 남기신 가르침이 한 줄 전합니다.

"눈 밝은 사람은 험악한 길을 피해 갈 수 있듯이 세상에 총명한 사람은 능히 모든 악을 멀리 여의네."

비사부불

팔리어본 마하밤사에 의하면 연등불을 필두로 해서 스물네 분의 부처님이 계시는데 그 가운데 21불에 해당하는 부처님입니다. 모든 곳에 두루 몸을 나타내고 매우 뛰어나신 분이라고 부르지요. 평균 수명 6만 세 때에 사라 나무 아래에서 깨달음을 얻으셨습니다. 소나와 웃타라를 좌우 제자로 삼고 우파사나카를 상좌로 삼았다고 합니다. 마치 석가모니 부처님께서 목련 존자와 사리불 존자를 상수제자로 삼고 아난 존자를 상좌로 삼았던 것처럼 말입니다.

"비방도 질투도 말고 마땅히 계율을 받들어라. 음식은 절제할 줄 알고 항상 고요하고 한가함을 즐기라. 마음은 반드시 정진하기를 좋아하면 이것이 부처님 가르침이라."

비사부 부처님이 남긴 말씀입니다.

구류손불

사리사 나무 아래에서 성불해서 한 번 설법에 4만 명을 교화했다고 합니다. 남기신 가르침 한 구절은 이렇습니다.

"꿀벌이 꽃에서 꿀을 취할 때 빛과 향기는 그대로 두고 다만 그 맛만 취해가듯 수행자는 마을에 들어가서 계율을 지키고 다른 일에 신경을 쓰지 않는다. 바르고 바르지 못한 것에도 또한 그러하여 다만 스스로 몸과 행동을 살핀다."

구나함모니불

사람의 평균 수명이 3만 세 때에 세상에 출현하신 부처님입니다. 오잠바 나무 아래에서 도를 이루고 한 번 설법에 3만 명을 제도했다고 전합니다. 《고승법현전》에 보면 사위성에서 동남쪽으로 12유순의 거리에 구류손 부처님의 유적이 있고, 그 북쪽으로 1유순의 거리에 구나함모니 부처님이 태어나신 곳이 있으며 그 자리에 탑이 서 있다고 했습니다. 《대당서역기》 제6권에는 그 주위에 석주가 세워져 구나함모니 부처님의 사리가 있었다는 기록이 남아 있다고 전합니다.

"마음에 방일하지 말라. 성스러운 법 부지런히 행하라. 이리하여 근심이 없어지면 마음은 마침내 열반에 들리라."

가섭불

일연스님이 쓰신 《삼국유사》에 보면 '가섭불 연좌석' 조가 있습니다. '신라의 월성 동쪽 용궁의 남쪽에는 가섭 부처님이 앉아 계시던 자리가 있다. 그곳은 과거 부처님 시대의 가람터이니 지금 황룡사 지역은 과거 일곱 분의 부처님이 머무시던 일곱 절터 중의 하나이다. 전에 한 번 참배한 바 돌의 높이는 오륙척 가량, 둘레는 겨우 세발로써 우뚝 섰는데 위는 편평하였다' 라고 기록돼 있습니다.

정말 그곳이 과거 부처님들이 사셨던 곳이었을까요? 그만큼 신라인들은 그곳이 부처님이 머무시고 좌선에 드셨던 곳임을 믿어 불국정토란 멀리 있는 세계가 아니라 바로 신라땅이 불국정토였음을 증명하려 했던 것은 아닐까요? 더불어 신라땅 위에 그 옛날과 같은 불국정토를 구현하려는 염원을 지녔던 것이 아니었을까요?

신라 월성 동쪽 용궁이란 다름 아닌 황룡사를 말합니다. 황룡사 발굴 과정에서 나온 돌 하나를 두고 황수영 박사는 그것이 가섭불 연좌석이라고 밝힌 바 있습니다만, 그 진위는 아직 확인되지 않고 있습니다.

사실 그 돌이 진짜 가섭불 연좌석이 아니면 어떻습니까? 그 돌을 바라보고 매만지면서 석가모니 부처님이 세상에 나기 전에 계셨던 가섭 부처님께서 이 돌 위에서 선정에 드셨구나, 과거 부처님이 머무셨다는 이 땅을 오늘 우리는 어떻게 정토로 가꿔야 할까……. 뭐, 이런 고민을 치열하게 할 수만 있다면 좋지 않겠습니까.

가섭 부처님은 석가모니 부처님의 바로 전 부처님이십니다. 선가에서는 음광불(飮光佛)로 더 잘 알려져 있습니다. 과거 칠불 가운데 6불에 해당하지요.

장아함 제1권 《대본경》에 의하면 가섭불은 니그로다 나무 아래에서 출가했으며 2만 명의 제자가 있다고 합니다.

그 밖의 부처님

환희증익불

《열반경》 제5품인 금강신품에 나오는 부처님입니다. 한량 없는 아승지겁 전에 구시나성에 나타나셨으며 그 세계는 넓고 깨끗해서 즐겁고 편안하며 백성들이 모두 풍요를 누렸다고 합 니다. 또한 가난과 질병이 없고 전쟁이 없으며 맑고 청정한 환 경으로 오염됨이 전혀 없었습니다. 이 부처님은 항상 중생들에 게 기쁨과 환희심을 주었으며 이 부처님의 이름만 들어도 마음 의 번뇌가 사라지고 기쁨이 증대되어 곧바로 보살의 십지 가운 데 환희지에 올랐습니다.

후에 각덕스님이 환희증익 부처님이 설한 9부경전을 널리 설해 부처님의 교법을 이어갔습니다. 여기서 9부경전이란 장항 · 중송 · 수기 · 고기 · 무문자설 · 본사 · 본생 · 방광 · 미증유입니다.

대통지승불

한량없고 끝없는 불가사의 아승지겁의 부처님입니다.

처음에 10소겁 동안 가부좌를 틀고 앉아 몸과 마음을 움직이지 않았으나 불법을 이루지 못했다고 합니다. 그때 도리천에서 대통지승불을 위해 사자좌를 보리수 아래에 폈습니다. 그 자리에서 선정에 든 뒤에 최상의 깨달음을 얻었다고 전합니다. 도리천의 보살핌 속에 깨달음을 얻었다는 것은 어떤 의미일까요?

출가 전에는 전륜성왕이었으며 슬하에 열여섯 명의 아들이 있었습니다. 자식들도 모두 출가해 수행자가 되었습니다. 그 가운데 막내아들이 후에 석가모니 부처님이 됩니다.

그런데 대통지승불의 아들이었을 때부터 이미 석가모니 부처님으로 출현해《법화경》을 설했다고 합니다. 그런 점에서 대통지승불은 모든 부처님의 어버이가 되는 셈이지요.

대통지승 부처님은《법화경》을 듣고 믿고 행하는 한편 널리 경을 설했습니다.《법화경》제7 화성유품에 보면 현재 시방의 국토에 출현해 있다고 합니다.

아촉불

대일여래를 모시던 분입니다. 대일여래 앞에서 성내지 않겠다는 원력을 세우고 그때부터 열심히 수행해 마침내 깨달음을 성취하고 현재까지 환희가 넘친다는 아비라타국에서 설법하고 계신 부처님입니다. 아촉 부처님의 이름을 열심히 부르면 분노가 가라앉고 동요됨이 없는 굳건한 보리심을 내게 된다는 공덕이 있어서 한때는 아촉불에 대한 신앙도 대단했습니다.

왼손은 주먹을 쥐고 오른손은 범협(梵夾:패다라잎에 범어로 새긴 경전)을 들고 있으며 몸은 황금색입니다. 밀교에서는 푸른색의 코끼리를 타고 있기도 합니다.

위음왕불

《법화경》 제20 상불경보살품에 나오는 부처님입니다. 천신과 아수라, 사람을 위해 설법하시되 성문이 되기를 원하는 분께는 사성제에 관계되는 법을 설하시고 생로병사를 극복하여 열반에 이르도록 하셨습니다. 그 부처님이 열반에 드셔서 더 높은 진리의 세상에 나타나는 이가 바로 상불경보살입니다.

위음이란 장중한 음성과 당당한 위풍으로 중생을 이익되게 하는 부처님을 말합니다.

일월등명불

등명불이라고도 부릅니다. 이 부처님의 광명이 하늘에서는 해나 달보다도 밝고 지상에서는 등불보다 밝아 온누리 중생들을 두루 비춘다는 뜻으로 일월등명 부처님이라고 한 것입니다.

석가모니 부처님께서 《법화경》을 설하려고 할 때 여섯 가지 상서로운 광경이 펼쳐졌습니다. 이를 본 미륵보살이 깜짝 놀라서 그 이유를 묻자 문수보살이 대답했습니다.

"내 일찍이 등명 부처님의 처소에서 이 같은 상서로운 모습을 본 일이 있습니다. 등명불께서 《법화경》을 설하려 할 때에 미증유의 서광이 비쳤던 것을 미루어 보면 이제 석가모니 부처님께서 《법화경》을 설하실 것임엔 틀림없습니다."

일월등명불은 문수보살이 본생에 모시던 부처님이었던 것입니다.

이 부처님은 평소에 《무량의경》을 잘 설하셨다고 합니다.

일월정명덕불

이 부처님의 국토엔 여자가 없었고 지옥과 아귀 · 축생 · 아수라 등 갖가지 어려운 일이 없습니다. 대지는 손바닥처럼 평평하며 유리로 이루어졌습니다. 또 높고 낮은 굴곡과 구렁텅이가 없어 큰비가 내리더라도 홍수나 사태가 나지 않았지요.

이 부처님은 언제나 《법화경》을 설해 중생을 제도했습니다. 두려움 없는 마음을 베풀고 회삼승귀일승 하는 가르침을 펴 청중들은 제각기 근기대로 깨달음을 얻었습니다.

이 일월정명불에겐 수많은 제자들이 있었다고 하는데 그 가운데 으뜸가는 분은 후에 약왕보살로 출현하는 일체중생희견보살입니다.

일체명왕불

10대 제자 중의 한 분인 부루나 존자의 전생이 바로 일체명왕불 혹은 일체명불이라고 합니다. 정법을 비방하거나 업신여긴 자가 받게 되는 인과윤리를 몸소 보여주고 설한 부처님이 일체명왕불이십니다.《불장경》제7품 왕고품에 나타나고 있지요.

불가사의한 아승지겁에 유명한 다섯 분의 스님이 계셨습니다. 그 가운데 보사스님은 정법대로 수행했으나 나머지 네 분은 보사스님을 비방하였습니다. 후에 네 분 스님은 아비지옥에 떨어져 한량없는 고통을 당합니다. 보사스님이 성불해 일체명왕 부처님이 돼 이들을 구제하려고 애쓰지만 그 죄과가 너무 커서 도저히 제도하지 못한다는 내용입니다.

인연 없는 사람은 아무리 뛰어난 부처님도 교화할 수 없음을 보여주는 인과법칙의 부처님이십니다.

보생불

대일여래를 주존불로 모신 밀교의 금강계만다라의 네 분 가운데 한 분이십니다. 오해탈륜 가운데 정남방월륜 중앙에 위치하지요. 이 부처님은 마니보복덕취공덕으로써 능히 일체중생의 소원을 원만하게 성취시키고 행자로 하여금 평등하게 해 밀교에서는 평등금강이라고도 합니다.

대일여래의 평등성지에서 탄생해서 금강보(金剛寶), 금강광(金剛光), 금강당(金剛幢), 금강소(金剛咲)의 네 보살을 거느리고 모든 재물과 보배를 맡아 중생들에게 평등한 가르침을 펴는 분입니다.

본초불

본래적이고 원초적인 부처님입니다. 어떤 인연에 의해 나오신 분이 아니라 스스로 태어나신 분이라고 하지요. 혹은 선정에 들어서 세계를 창조하고 그 정신으로 관자재보살을 낳았다고 합니다. 이 보살의 두 눈에서 해와 달이 나오고 이마에서 대자재천이 나왔으며 어깨에서 범천이 나오고 심장에서 나라연천이, 어금니에서 변재천녀가 나왔다고 합니다.

본초불은 최초의 부처님으로서 불꽃에 에워싸인 모습으로 네팔에 출현하셨으며 문수사리보살이 이 불꽃을 보존, 자생탑을 건설했다고 합니다.

보살의 이름

보살이란

절에 다니는 남성 신도들의 경우엔 '거사님' 혹은 '처사님'으로
부르고, 여성 신도들은 '보살님'이라 부릅니다. 하루에도 열두
번씩 '보살님' 하고 불리지만 어떻습니까? 과연 우리들은
보살답게 살아가고 있는 걸까요?

보살이란 보디사트바(bodhi-sattva)를 음역한
보리살타(菩提薩埵)라는 용어의 줄임말입니다. 보디란 깨달음을
뜻하는 말이고, 사트바란 중생을 의미합니다.

즉 '깨달음을 구하는 중생'이란 얘기지요. 진리를 깨치기 위해
노력하는 이들은 모두가 보살이라고 보면 될 것 같습니다.

한마디로 '불교에서 말하는 이상적인 인간상'이라고나 할까요.
보살은 위로는 깨달음을 구하고 아래로는 중생과 더불어
살아가는 존재(上求菩提 下化衆生)입니다. 이때의 위나 아래라는
용어는 먼저하고 나중에 한다는 위아래, 앞뒤의 개념이 아닙니다.
동시에 함께 이루어져야 할 과제로 보고 있습니다.

보살을 일컬어 '큰 서원의 갑옷을 입은 분'이라고 표현하기도

합니다. 깨달음을 구하고(自利) 중생을 구하겠다(利他)는 서원을
지니고 있다는 것이 보살의 가장 큰 특징이기 때문입니다.
우리가 수시로 찾는 관세음보살, 지장보살…… 이 보살님들은
대승불교가 시작되면서부터 수많은 부처님들과 함께 나타나신
분들입니다. 부처님의 분신으로 오신 분들이지요. 저마다 독특한
사명을 지니셨습니다. 서로 다른 서원을 세워 그에 맞게 중생들을
이끄는 분들입니다. 보통 '4대 보살' 하면 지혜의 문수보살,
자비의 관세음보살, 원력의 지장보살, 그리고 실천행의
보현보살을 말합니다. 이제 그 한 분 한 분의 서원과 만나보기로
하죠. 그럼으로써 오늘 이 시대에 우리는 얼마나 철저하게
깨달음을 추구하고 있는지, 얼마나 소외된 이웃들과 더불어
살아가고 있는지 돌아보게 될 겁니다. 적어도 '보살님'하고
불리는 그 이름이 참으로 부끄럽지 않을 그런 자리를 만들어야
하지 않겠습니까.

관
세
음
보
살

일제 암흑기에 우리 불교는 무엇을 했느냐고 물어 보는 분들이 많습니다. 그러나 상(相)을 드러내지 않는 불교라서 그렇지 겉으로 드러난 사실보다 엄청난 일들을 우리의 스님과 불자들이 도맡아 했습니다. 이를테면 사찰 주지스님들은 독립자금을 만들어 보내거나, 각 절의 스님들이 주동이 돼 지역 장터에서 3 · 1 운동을 주도했던 사례들이 그렇습니다.

일제치하의 역사를 살피노라면 제일 먼저 떠오르는 분이 계십니다. 〈님의 침묵〉이라는 명시의 시인으로, 일본에 종속될 뻔한 한국불교를 지켜내신 대선사로, 독립투사로 민족의 가슴 속에 영원한 스님, 만해 한용운 스님입니다.

그 어른이 1910년, 만주로 떠났을 때의 일입니다. 여러 동지들과 함께 만주 일대에 흩어져 있는 독립군의 훈련장을 찾아 다니면서 민족독립사상을 고취시키는 일로 힘쓰고 있었습니다. 그러다가 뜻하지 않게 총탄에 맞아 의식불명에 빠지고 맙니다.

귀 밑을 스치고 지나간 총알, 뼈를 긁어내야 할 만큼 대수술을 받는 극심한 상황이었지요. 사람들에게 발견돼 병원으로 옮겨지기 직전, 피에 흠씬 젖어 있던 만해스님 곁으로 다가온 성스러운 여인이 있었습니다.

희미한 정신 속에서 만해스님은 그이가 바로 오세암의 어린 동자를 보살폈던 성모관음임을 느낄 수 있었다는데요. 향내음 가득한 관세음보살은 다친 곳을 손으로 어루만지며 자애로운 목소리로 "빨리 다른 곳으로 옮기세요"라고 했답니다. 몸을 굴려 다른 곳으로 은신하자마자 말을 탄 마적 떼가 한 무리 지나갔다던가요.

만해 한용운 스님은 생전에 두고두고 자신이 관세음보살을 친견한 일화를 자랑스레 들려주시곤 했습니다.

절세의 미인, 이 세상에서 볼 수 없는 어여쁜 모습, 섬섬옥수에 꽃을 쥐고, 드러누운 나에게 미소를 던진다. 극히 정답고 달콤한 미소였다.
〈죽다 살아난 이야기〉《한용운 전집1》중에서

이처럼 관세음보살은 고통받는 이들의 고통과 신음을 보고 듣고 곁에 다가와 자비로써 다독거려 주는 분으로 알려져 있습니다. 한국 사람치고 관세음보살을 모르는 이가 있겠습니까. 가장 유명하고 친근한 자비의 화신이시죠.

관세음보살은 이름 그대로 세상(世) 사람들이 괴로워하는 소리(音)를 다 들으시고 그 고통을 살피시는(觀) 분입니다. 중생의 괴로움과 고뇌의 아우성 소리를 다 살펴서 자비를 베푸시지요.

부르는 이의 바람대로 언제 어디서든 모습을 나투어서 구원해 주시는 자비의 화신, 관세음보살을 줄여서 관음보살이라고도 합니다. 범어로 '아바로키테슈바라(Avalokiteśvara)'라고 부릅니다.

《반야심경》에 나오는 관자재보살, 이 이름도 관세음보살의 또 다른 명칭입니다. 걸림 없이 중생의 고통을 살피시고 자유자재로 몸을 나투어서 중생들 앞에 나타나는 분이라는 것이죠.

중생 근기에 맞게 모두 서른세 가지의 모습을 나타내신다고 합니다. 이를 두고 33응신(應身)이라고 부르지요. 관세음보살의 33응신이란 성관음 · 십일면관음 · 천수관음 · 준제관음 · 여의륜관음 · 마두관음의 6관음을 비롯해 백의관음 · 대세지관음 등이 있습니다. 서울 칠보사에는 독특하게 용두관음보살이 모셔져 있기도 합니다.

흔히 천수천안관세음보살상을 보면 천 개를 상징하는 손이 달려 있지요. 그러나 실제 조각된 숫자는 마흔 개입니다. 그 하나하나의 손들이 25유를 구제한다고 보기 때문에 $40 \times 25 = 1,000$수가 되는 것입니다. 일반적으로 관세음보살은 연꽃을 들거나 정병을 잡고 있는 것이 대부분입니다. 천수천안관세음보살 같은 경우는 저마다의 손들이 구슬, 도끼, 활, 법륜 등의 물건을 손에 들고 있고, 그 손마다 눈이 달려 있습니다. 천수관음에 대한 신앙은 고려 이후《천수경》의 보급과 함께 오늘에까지 이르고 있습니다.

관세음보살에 관해 언급한 경전은 많습니다. 그 가운데 가장 구체적인 경전이라면《법화경》제25품 관세음보살보문품을 꼽을 수 있습니다. 흔히들《관음경》이라고 부르고 있습니다.

이 관세음보살보문품을 보면 "일심으로 정성을 다해서 관세음보살을 염송하면 그 음성을 듣고 찾아와 즉시 괴로움을 없애 주고 모두를 해탈케 하고 소원을 성취하게 된다"는 내용이 실려 있습니다. 또한《관음경》에 이르길, 중생이 괴로움을 당할 때 관세음보살을 한마음으로 외면 관세음보살은 즉시 그 음성을 들으시고 모두 해탈할 수 있게 한다고 했습니다.

어떻게 이름을 부르는 소리만 듣고도 소원을 들어준다는 것일까요. 아마 어머니가 어린아이의 '엄마' 하고 부르는 소리만 들어도 그것이 아프다는 얘긴지 배고프다는 얘긴지 알아듣는 것과 같은 이치라고 생각됩니다. 명의는 눈빛만 봐도 질병을 알고 손목 한 번 잡아 봐도 병을 알아낸다지 않습니까. 고통받는 사람들 곁에 있기로 서원하신 분인만큼 중생구제에 탁월한 능력을 보이는 것이야 당연한 일이 아니겠습니까.

중생의 원따라 나타나시는 자비로우신 분, 그래서 《화엄경》에 이르길 그 자비는 '어머니와 같은 사랑이어야 한다' 고 했습니다.

그 때문일까요? 관세음보살 하면 여성스러운 이미지가 더 깊게 느껴집니다. 하지만 고구려 · 백제 · 신라의 불상에선 남성에 더 가깝게 묘사돼 있기도 합니다.

일연스님의 《삼국유사》에 보면 관세음보살의 영험에 관한 내용이 여럿 등장합니다. 자장율사 같은 분은 부모가 관세음보살님께 빌어서 태어난 분이지요.

눈먼 소녀 희명이 관세음보살님께 빌어서 광명을 얻는 내용이 향가 〈도천수관음가〉로 전해져 오고 있기도 합니다.

관세음보살님이 머물고 계신 곳은 보타낙가산입니다. 《화엄경》에 이르길 남인도 해안광명산이 관세음보살이 사는 보타낙가산이라고 했습니다. 옛 분들은 자신이 살고 있는 땅이 관세음보살이 머물고 계신 성지라고 믿었던 것 같습니다.

중국의 경우엔 동쪽 절강성 주산군도(舟山群島)에 보타산이 있고, 우리 동해 낙산사 홍련암이 자리한 곳, 강화도 보문사가 자리한 곳이 낙산이잖습니까. 송나라 혜진스님은 관음보살을 친견하기 위해 고려를 방문하기도 했습니다. 혜진스님이 제 나라의 보타산을 두고 우리의 낙산을 찾아온 걸 보면 아무래도 이 나라의 관음신앙이 중국의 것보다 더 강렬했던가 봅니다.

우리나라에서 손꼽히는 3대 관음도량은 양양의 낙산사 홍련암과 강화 보문사 그리고 남해 보리암입니다.

홍련암에서 의상스님이 관세음보살을 친견한 전설이 전하듯이 남해 보리암은 원효스님께서 관세음보살을 친견한 뒤에 창건한 절이라고 전합니다. 특히 태조 이성계가 이곳에서 백일 기도를 마친 뒤에 조선왕조를 열게 되었지요. 감사의 뜻으로, 산에 비단을 둘러 장엄한다는 의미로써 산 이름을 금산(錦山)으로 짓기도 했습니다.

관세음보살은 아미타 부처님을 가까이 모셨던 인연으로 아미타 부처님 왼편에 모시는 것이 관례입니다.

그러나 관세음보살을 중심 부처님으로 모실 경우엔 대웅전이라고 부르지 않고 원통전(圓通殿)이라고 부르지요. 관세음보살이 모든 곳에 원융하신 모습으로 중생의 고뇌를 씻어 준다고 해서 붙여진 이름입니다.

낙산사 원통전에 가면 반드시 옛 담을 눈여겨보십시오. 깨진 기왓장을 황토흙과 켜켜이 쌓아올리고 중간중간에 달과 해 문양을 빚어놓은 모습은 옛 스님들이 얼마나 살뜰히 재활용하며 생활하셨는지를 볼 수 있습니다. 또한 쓰다 버린 기왓장으로도 아름다운 꽃담을 조성할 수 있는 심미안을 지녔던 선조들의 지혜를 곱씹어 볼 수 있는 좋은 기회가 될 것입니다.

주변 전각에 관세음보살을 모실 경우엔 '관음전'이란 현판이 붙어 있습니다. 중국이나 일본의 경우엔 관세음보살의 대비심을 강조해 '대비전(大悲殿)'이라는 현판이 붙은 곳도 있습니다.

고려회화의 으뜸으로 꼽히는 것은 〈수월관음도(水月觀音圖)〉입니다. 장중한 채색에 은은함과 중후함이 함께 자리한 그림 속 달빛 아래의 관세음보살은 꿈꾸듯 신비스럽기까지 합니다. 아쉽게도 그 많은 작품들은 일제에 의해 강제 침탈당한 뒤 이제껏 되돌아오지 못하고 있는 형편입니다. 1992년에는 한 폭의 〈수월관음도〉가 미국 소더비사 경매에서 최고가를 기록해 화제를 모은 바 있습니다. 그만큼 세계인들의 주목을 받고 있는 것이 〈수월관음도〉입니다.

일본에 있는 우리의 관세음보살상 중에 백미는 호류지(法隆寺) 대보장전(大寶藏殿)에 모셔져 있는 백제관음상입니다. 동양의 비너스라고 불릴 만큼 늘씬한 아름다움으로 감성적인 백제인의 미의식이 깃든 관세음보살님이시지요.

같은 절 몽전(夢殿)에는 역시 우리의 선조가 세운 구세(求世)관음상이 서 있습니다. 동양미술사가인 페놀로사가 '한국미술 가운데 가장 위대하고 완전한 예술의 금자탑'이라고 격찬한 목조보살상이지요.

이처럼 세계를 떠도는 이 땅의 성보문화유산을 되찾아오는 일이야말로 이 시대 우리가 해야 할 불사가 아닐까요.

주요 관세음보살에 관해 정리하면 다음과 같습니다.

십일면관음보살

《삼국유사》에 보면 십일면관음보살의 설화가 전합니다. 신라의 국사였던 경흥스님이 삼랑사에 머물 때 오랫동안 몹시 심하게 앓았답니다. 어느 날인가 비구니 스님 한 분이 나타나 이르기를 "그 병은 근심으로 생긴 것이니 즐겁게 웃으면 나으리라"라고 하면서 열한 가지 모습으로 변하면서 춤을 추었다죠. 그 변하는 모습이 어찌나 우습던지 경흥국사는 턱이 떨어져 나가라 하고 웃었답니다. 그 바람에 오랫동안 앓던 병이 거짓말처럼 '뚝' 나았다는데, 알고 보니 이 비구니 스님이 바로 십일면관음의 화신이었습니다. '관음보살' 하면 그저 차분하게 자비로우신 분인 듯 여겨지지만, 턱이 떨어져나갈 만큼 웃길 줄도 아는 그런 자비심도 지니고 계신 분임엔 틀림없습니다.

십일면관음보살 하면 먼저 떠오르는 이미지가 있을 겁니다. 석굴암 본존불 뒤에 마치 겹쳐진 듯 모셔져 있는 보살님 말입니다. 가냘픈 몸에 섬세하게 조각한 천의를 입고 정교한 귀걸이 목걸이를 하신 화려한 아름다움을 지닌 분이지요. 그 모습을 볼 때마다 모든 신라의 여성들이 저런 아름다움을 지니고 있었던 것은 아닐까 하는 상상을 해봅니다.

머리 위에 또 다른 열한 개의 얼굴을 지니고 계셔서 십일면 관음보살이라고 부릅니다. 맨 정상의 얼굴은 깨달음의 결과를 의미하구요, 전면에 3개의 얼굴, 좌우로 각각 3개의 얼굴, 그리고 뒤편에 하나의 얼굴을 지니고 있는데, 이 10개의 얼굴은 보살이 수행을 통해 나아가는 열 개의 지위를 표시하고 있습니다. 중생이 11가지의 무명 번뇌를 끊고 깨달음을 얻는다는 의미지요. 그런가 하면 그만큼 관음보살이 다양한 기능으로 중생들을 구제한다는 상징적 의미기도 합니다.

구체적으로 그 얼굴 표정을 보자면, 본래의 얼굴은 지혜를 상징합니다. 앞의 3면은 자비롭게 웃는 모습으로 착하게 살아가는 이웃들에게 인자한 마음을 일으켜 그들을 찬탄하는 모습입니다. 오른쪽의 세 얼굴은 이를 드러내 웃는 모습인데요. 청정한 업을 쌓는 이웃들을 보고 더욱 정진하라고 권하는 표정입니다. 왼쪽의 세 얼굴은 일그러진 성난 모습입니다. 악한 중생을 보고 슬픈 마음을 일으켜서 고통에서 구해내려는 모습을 묘사한 것이지요. 뒷면에 자리한 하나의 얼굴은 아주 크게 웃는 모습입니다. 착하고 악한 모든 이웃들이 뒤섞인 속에서 이들을 모두 끌어안는 가슴 넓은 보살의 모습을 보여주고 있습니다.

여성의 미를 표현하는 석굴암 십일면관음보살상

정상에 자리한 얼굴은 부처님의 모습으로 가장 으뜸가는 진리를 설하는 모습이라고 합니다.

흔히 십일면관음보살은 아수라의 세계에 사는 중생들을 구제하는 보살이라고 알려져 있기도 합니다.

여의륜관음보살

여섯 분의 대표적인 관음보살 중에 한 분입니다. 여의륜이란 지니고 있으면 원하는 것은 무엇이든 이루어진다는 '여의주'와 삼매에 들어 있으면서도 육도(아귀계·아수라계·지옥계·축생계·인간계·천상계) 중생들의 고통을 덜어주고 이익을 주는 보살님으로 알려져 있습니다.

그 모습은 보통 전신이 황색을 띠고 있고, 손은 여섯 개입니다. 오른손의 세 개는 사유하고 여의주를 들고, 염주를 들고 있고, 왼손은 광명산을 누른 손, 연꽃을 든 손, 금으로 된 수레바퀴를 들고 있는 형상입니다.

여의륜관음의 설법을 정리한 경전으로 《여의륜다라니경》이 있습니다.

백의관음

우리 민족을 이야기할 때 '백의민족'이라고 합니다. 우리 스스로가 지어 부른 이름은 아니고, 밖에서 우리를 향해 부른

무위사 극락전 백의관음도

이름이 바로 '흰옷을 즐겨 입는다'는 뜻의 백의민족이었습니다. 아마 우리 선조들은 밝은 것을 동경했던 것 같습니다. 그 때문인지 선조들의 삶에는 언제나 밝고 찬란한 정신이 깃들어 있지요. 백두산, 태백산, 장백산과 같이 이 나라의 뼈대를 이루는 신성한 산에 흰백자를 쓴 것 역시 이 땅의 조상들이 밝음을 간절히 추구했기 때문으로 생각됩니다.

흰색을 소중히 여기기는 인도도 마찬가집니다. 스님 이외의 귀족층은 모두 흰옷을 입었습니다. 한편 재가자를 가리켜서 '백의(白衣)'라 하는 데 반해 수행자들은 허름한 낡은 옷을 입는다 해서 '납의(衲衣)' '염의(染衣)'라고 부르기도 했습니다.

33관음의 한 분인 백의관음 역시 항상 흰옷을 입고 흰연꽃 위에 앉아계셔서 백의관음이라 부릅니다.

양류관음보살

아마 바다의 연꽃 위에 아리따운 관음보살 한 분이 서 있는 그림을 본 기억이 있을 겁니다. 옷자락은 바람에 흩날리고 한 손은 감로병을 들고, 또 한 손은 버드나무 가지를 들고 있지요. 그 발 아래로는 동자가 무릎을 꿇고 보살님을 올려다보고, 보살님은 그윽한 표정으로 동자를 내려다보고 있습니다. 이분이 바로 양류관음보살님입니다. 동자와 함께 그려진 모습 때문인지 사람들은 양류관음 앞에서 아들을 낳게 해 달라고 기원하는 모양입니다. 그러나 그 그림은 보타낙가산에서 선재동자가 양류관음보살의 설법을 경청하는 모습을 묘사한 것입니다.

그런데 장미꽃을 들거나 보리수 가지를 잡지 않고 하필이면 왜 버드나무 가지를 들고 계신 걸까요? 그것은 바람에 버드나무 가지가 흩날리는 것처럼 중생의 소원을 따라서 보살이 소원성취를 돕는다는 비유에서 비롯됐습니다. 멋지지요?

양류관음보살 대부분이 흰옷을 입고 계셔서 백의양류관음으로 불립니다. 우리나라의 대표적인 불화로는 무위사 극락전에 모셔진 백의관음이 있습니다. 어느 때던가 타 종교인이 그 국보 위에 십자가를 크게 새겨 놓아 지금껏 바라보는 이의 마음을 아프게 하고 있기도 합니다.

지장보살

음력 칠월 보름은 스님들이 석 달 공부를 마치시는 날입니다. 절집 용어로는 하안거 해제일이라고 하죠. 더불어 이 날은 돌아가신 부모를 위해 공양을 베푸는 날입니다. 눈 푸르게 공부를 마친 선방 스님들과 돌아가신 부모님의 천도를 위해 백 가지 과일을 공양올린다 해서 백중이라고도 하는데요. 이처럼 여러 의미를 지닌 이 날을 우란분절(盂蘭盆節)이라고 부르고, 불가에서는 5대 명절 중의 하나로 삼고 있습니다.

거꾸로 매달린 것을 풀어 준다는 의미의 우란분절은 과거현재의 돌아가신 어버이를 위해 극락왕생을 기원하는 날입니다. 불가의 어버이날이라고 할 수 있을 겁니다. 이 날은 절에 모여서 지장보살을 간절히 염합니다. 지장보살은 모든 나쁜 업으로부터 구제하는 보살입니다. 죽은 이와 산 자를 이익되게 하는 절대적인 능력의 보살이기 때문이지요. 특히 윤회하거나 지옥으로 떨어지는 고통을 면해 주는 분으로선 으뜸가는 분이십니다. 49재가 봉행되는 곳에서 지장보살의 명호(이름)를 많이 염하는 것도 그런 이유입니다. 그런 점에서 천상에서 지옥까지 육도의 중생을 구원하는 대비보살이라고 할 수 있습니다.

모든 중생을 제도한 뒤에 깨달음을 이룰 것이며 지옥이 텅 비기 전에는 결코 성불하지 않으리라.

지장보살의 서원입니다. 지장보살은 지옥 중생 모두가 성불할 때까지 성불하지 않겠다며 성불을 포기한 보살님입니다. 지옥문을 지키고 있으면서 그곳에 들어가는 중생을 못 들어가도록 가로막고, 지옥에서 고통받는 중생들을 천상이나 극락으로 인도하는 자비로운 역할도 도맡고 있습니다. 그 때문에 지장보살을 비원(悲願)의 보살이라고도 부르지요.

예불문에 보면 '대원본존 지장보살'이라고 되어 있습니다. 성불을 사실상 포기한 것과 다름없이 지옥중생 모두가 빠짐없이 부처될 때까지 자신이 부처되는 것을 미룰 정도로 크나큰 원력을 지닌 분이라는 의미에서 붙여진 이름이지요. 관세음보살이 현실의 고통을 덜어주는 역할을 한다면 지장보살은 죽은 뒤에 겪는 고통을 구제해 주는 보살님이라 할 수 있습니다.

세상사는 자신이 지은 업에 의해서 그 과보가 정해지기 마련이지요. 하지만 그 어떤 업보라도 지장보살은 두루 소멸시켜 주는 역할을 도맡고 있습니다.

다른 보살들이 화관을 화려하게 쓰고 있는 데에 비해 지장보살님은 깎은 머리 그대로이거나 두건(보자기)을 쓴 소박한 모습입니다. 왼손에 금지팡이를 들고 계시죠. 그건 아마 지옥문을 두드려 여는 도구가 아닐까요. 오른손에는 밝은 보주를 쥐고 있습니다. 어두운 세상을 비칠 구슬이라고 생각됩니다.

지장보살을 친견한 진표율사의 지장신앙은 신라 불교신앙의 주류를 이루기도 했습니다. 신라 때 지장신앙의 모임으로 점찰 법회가 있었습니다. 자신의 죄를 참회하면서 수행에 힘쓰는 신행모임이었습니다.

중국 구화산은 지장신앙의 성지로 유명합니다. 참배자의 발길이 끊이지 않는 곳이지요. 구화산에 최초로 지장신앙을 펼친 분이 신라국의 왕손 김교각 스님이란 사실을 알고 계십니까?

8세기 초, 스물네 살의 나이로 전법에의 원력을 안고 황해를 건너 구화산에 닿은 분이시죠. 다함이 없는 정진과 교화로 구화산 일대엔 교각스님의 가르침을 접하기 위해 찾아오는 제자들로 가득했다고 합니다. 교각스님은 열반을 앞두고 "3년 뒤에 시신을 열었을 때 썩지 않았거든 개금을 하라"는 유훈을 남기십니다. 과연 3년 뒤 항아리를 열자 스님의 시신이 마치 산 사람과 같아 모두에게 충격적이었습니다. 제자들이 시신에 금 옷을 입혀 육신전에 봉안했습니다. 중국엔 여러 스님의 등신불 이 있습니다. 그 시초가 바로 교각스님이시죠.

이때부터 교각스님은 지장보살의 화신으로 불리게 되었구 요. 지금까지 살아 있는 지장보살로 중국인의 가슴 속에 숨쉬 고 계십니다. 더불어 구화산은 전세계적인 지장신앙의 귀의처 가 되었습니다.

윤회를 심판하는 명부전의 중심 부처님이 지장보살입니다. 시왕을 거느리고 계십니다. 지장시왕도로 으뜸인 것은 독일 베 를린 동양미술관과 일본 세이카당에 가 있는 고려불화입니다.

지장보살은 6지장이라 해서 여섯 분의 지장이 있다고 합니 다. 지옥 · 아귀 · 축생 · 아수라 · 인간 · 천상의 6도를 거두어 교화한다는 경전에 근거해서 여섯 가지 모습으로 나타난다는 것인데 우리나라에서는 6지장보다 3계를 관할하는 천장 · 지 장 · 지지의 삼장보살로서 지장신앙이 성행했습니다.

고려불화 가운데 지장보살도는 지장보살 홀로 서 계신 모 습으로 비단 바탕에 아름답게 채색된 것이 대부분입니다. 그러 나 아쉽게도 대부분의 지장보살도는 일본의 미술관과 절에 보 존돼 있습니다.

지장신앙의 기본경전으로는 두 권으로 된《지장보살본원

선운사 도솔암 지장보살상

경》이 있습니다. 줄여서 《지장경》이라고 하지요. 부처님께서 어머니 마야부인을 위해 설법한 것을 모은 내용으로 이루어져 있습니다. 그 밖에도 열 권짜리 《대승대집지장십륜경》, 두 권짜리 《점찰선악업보경》 등이 지장신앙의 바탕을 이루는 경전들입니다.

지장이란 말 그대로 보면 땅 속에 숨겨진 분이란 의미입니다. 땅이란 어떤 존재인가요? 수많은 이들의 발길에 짓밟히는 존재지요. 그러면서도 그 모든 것을 받아 주고 품어안는 존재가 또한 땅입니다. 땅 위에서는 모든 것이 살아 움직이고 성장해 갑니다. 이 힘을 인격화한 것이 바로 지장보살이라고 보면 됩니다.

사람으로 나서 한평생 가보지 않아야 할 곳이라면 병원과 경찰서 그리고 교도소를 꼽을 수 있을 겁니다. 특히 교도소란 세상의 어둠을 한눈에 마주할 수 있는 곳이라 할 수 있을 텐데, 세상과는 격리된 공간 속에서 죄를 저지르고 온 사람들이 수용된 그곳을, 글쎄요, 오늘날의 지옥이라 보아도 될까요?

그곳을 드나들며 교화에 힘쓰시는 분들이 있습니다. 수감된 재소자들에게 부처님 가르침을 전해서 미혹된 마음을 바로 잡아 주고, 지옥 같은 마음을 반듯하게 교화해서 새 삶을 살아갈 수 있도록 돌보는 재소자 포교, 그늘진 곳, 그늘지게 살아가는 이웃들에게 힘쓰는 포교야말로 우리 시대의 지장보살이 되는 일이 아닐까요.

문수보살

문수보살은 지혜의 완성을 상징하는 보살입니다. 범어로는 만주스리(Manjusri)로 '훌륭한 복덕을 지녔다' 는 뜻입니다. 그런 의미로 한역 경전에서는 묘길상(妙吉祥), 묘덕보살이라고 했습니다. 환희장마니보적불이라고도 부릅니다.

주로 석가모니 부처님이나 비로자나 부처님의 왼쪽에서 보필하고 있는데요. 특히 《화엄경》에선 보현보살과 함께 비로자나 부처님의 양쪽에서 보필하는 분으로 등장합니다. 보현보살이 세상에서 실천 구도행을 할 때 문수보살은 지혜의 좌표가 됐다고 전합니다. 그 때문에 불교를 지혜와 실천의 종교라 할 때 지혜는 문수보살, 실천은 보현보살의 상징처럼 알려져 있습니다.

오대산 상원사에 가면 아주 예쁜 문수동자님이 모셔져 있습니다. 이 동자는 조선 세조가 등창병으로 고생할 때 오대산 상원사에서 백일기도를 한 뒤에 문수동자를 만나 병이 나은 인연으로 조성된 분입니다. 이후부터 문수신앙은 조선시대에 더욱 성행하게 됐습니다.

《유마경》 제5품은 문수사리문질품(文殊師利問疾品)입니다. 유마거사가 병이 들자 부처님께서 십대 제자들에게 병문안을 가라고 합니다. 그러나 유마거사의 지혜가 워낙 뛰어나 과거에 혼쭐났던 기억이 있어 모두들 문병가길 꺼립니다. 그러자 부처님께서 여러 보살들에게 유마거사를 찾아가 병문안 하라고 이르십니다. 그러나 여러 보살 역시 유마거사의 뛰어난 재능을 감당할 길 없다고 머뭇거리지요. 이때 부처님께서 지혜와 언변이 가장 뛰어난 문수보살에게 유마거사의 문병을 갈 것을 당부하십니다. 여러 제자와 보살들을 대표해 문수보살이 찾아간 것이 바로 《유마경》의 본문에 해당하는 제5품입니다.

문수보살이 머무는 곳은 중국의 청량산(일명 오대산)이라고 합니다. 이곳에서 자장율사는 문수보살을 만나기 위해 기도를 올립니다. 이레 만에 보살로부터 사구게를 받고 한 노스님으로부터 부처님의 가사와 발우를 받았으며 신라에 구층탑을 세워 나라를 편안케 해달라는 부탁을 함께 받지요. 귀국한 자장율사는 황룡사에 구층탑을 세우고 오대산 중대에 적멸보궁을 건립

상원사 문수동자상

부처님과 보살 재미있는 이름이야기

하는 한편 오대산을 문수보살이 항상 머무시는 도량으로 만들었습니다.

우리나라의 대표적인 문수도량은 오대산 외에 강원도의 청평사, 경남 고성 문수사 등이 있습니다.

전북 고창 문수사가 있는 곳의 지명은 문수면이고 그 뒷산은 문수산이죠. 강화도에는 문수산성이 있습니다. 모두 문수사가 자리했던 곳에서 유래된 이름들입니다.

통일신라 때의 보천스님은 오대산 중대에 1만 분의 문수보살이 머문다고 강조해서 문수보살에게 올리는 사람들의 향공양, 꽃공양이 끊이지 않았다는 이야기도 전합니다.

한산과 습득이란 당나라 스님 이야기도 잠깐 하고 갈까요. 습득이란 스님은 국청사에 계셨고, 한산스님은 강소성 소주의 한암이란 곳에서 홀로 수행을 하셨습니다. 한산스님은 밥때가 되면 국청사에 갑니다. 먹다 남은 음식을 얻어먹고 돌아오곤 했습니다. 누구도 그 모습을 탓하지 않았습니다. 이를 두고 써야 할 한자가 있습니다. '화합(和合)'이 그것입니다. 한산스님과 습득스님의 도반으로서의 우정은 아주 뜨겁습니다. 그래서 더 화합의 상징처럼 여겨지는지도 모르겠습니다. 한산스님이 쓴 선시에는 무소유의 걸림없는 삶, 깨달음의 노래가 고스란히 청정하게 드러나 있습니다. 이 한산스님을 가리켜 사람들은 '문수보살의 화신'이라 부르고 습득스님을 일러 '보현보살의 화신' 이라 했습니다.

일설에는 문수보살이 부처님의 교화를 돕기 위해서 잠시 몸을 바꿔 보살에 머물고 있다고 합니다. 성불은 이미 오래전에 해, 대신불이란 이름을 지니고 있구요. 미래에는 보견여래라는 부처님으로 그 모습을 나투신다고 합니다.

보장 부처님이 그런 말씀을 하셨습니다.

"그대가 공덕을 지은 것이 길고도 길어 좋은 지위를 얻길 원하니 이제 너의 이름을 문수사리라 부르리라. 북방 환희세계에 있어선 부처님이 돼 이름을 환희장마니보적불이라 했는데 지금까지 그 이름이 드날려 이름만 들어도 네 가지 중한 죄를 소멸한다. 보살이 되어 석가에까지 영향을 미치고 있다."

즉 문수보살의 또 다른 이름이 환희장마니보적불임을 알 수가 있습니다. 오른손에 지혜의 칼을 들고 왼손에 금강저를 위에 세운 청련과 경전을 갖고 용맹과 위엄을 상징하는 사자 위에 타고 있습니다.

대웅전에선 부처님의 왼쪽에서 지혜를 맡고 있으며 특별히 문수신앙이 강한 절에선 문수보살상만을 모신 문수전을 따로 두고 있습니다.

보현보살

《화엄경》입법계품에 보면 선재동자가 53선지식을 만나는 구
도행각이 그려져 있습니다. 문수보살의 가르침을 받아 깨달음
을 향한 마음을 내는 선재동자가 마지막으로 만나는 보살이 바
로 보현보살이지요. 보현보살을 만난 선재동자는 헤아릴 길 없
는 부처님의 공덕은 열 가지 큰 행원을 쌓아야 가능하다는 가
르침을 접하게 됩니다.

이때의 열 가지 행원을 간략히 정리해 보면 다음과 같습니
다.

첫째, 모든 부처님께 예배공양합니다.
둘째, 모든 부처님을 우러러 찬탄합니다.

셋째, 모든 부처님을 널리 공양합니다.

넷째, 스스로의 업장을 참회합니다.

다섯째, 남의 공덕을 따라서 기뻐합니다.

여섯째, 부처님께서 설법해 주시길 청합니다.

일곱째, 부처님이 이 세상에 오래 머무시길 간청합니다.

여덟째, 항상 부처님을 따라 배우겠습니다.

아홉째, 항상 중생들에게 순응하며 살겠습니다.

열째, 두루 모든 것을 되돌려 회향하겠습니다.

이 열 가지 행원은 진리를 추구하는 모든 구도자가 걸어야
할 보편적인 길입니다. 향가 중에 가장 마지막 원형으로 손꼽
히는 균여대사의 〈보현십원가〉는 바로 이 보현행원품을 바탕
으로 하고 있습니다.

불자들 사이에 널리 애창되는 〈나누는 기쁨〉(이종구 작곡, 이
정지 노래) 역시 법정스님이 번역하신 보현보살의 열 가지 행원
을 찬불가로 만든 것입니다.

108배를 올릴 때 우리가 펼쳐놓고 외면서 절하는 '예불대
참회문' 도 보현행원품을 근거로 만들어진 것입니다.

지혜의 상징이 문수보살이라면 보현보살은 행원·원력의
상징이지요. 문수보살이 사자를 타고 있다면 보현보살은 흰 코
끼리를 타고 있습니다. 《법화경》 제28 보현보살권발품에 이르

길 보현보살은 흰 코끼리를 타고《법화경》행자를 수호한다 했습니다. 여기서의 흰 코끼리는 원력을 상징하지만, 인도를 상징해 불교가 인도로부터 전래됐음을 보여주기도 합니다.

범어로 사만타바드라(Samantabhadra)라고 부릅니다. 크게 뛰어난 분이라는 뜻이지요. 중생의 목숨을 길게 하는 덕을 지녔다고 해서 보현연명보살, 혹은 연명보살로 불리기도 합니다. 《화엄경》에 보면 보현보살은 이미 비로자나 부처님 밑에서 수행하던 보살들 가운데 대표로 구도자들에게 진리를 열어 보여주는《화엄경》의 설법사로 등장합니다.

중국에는 보현보살의 성지 아미산이 있습니다. 아미산에는 만년사를 비롯한 유서 깊은 사암마다 보현전이 마련돼 있지요. 특히 만년사의 보현전엔 높이 15미터의 코끼리를 탄 보현보살상이 유명합니다.

우리나라의 보현보살은 관음보살, 지장보살 등에 비해 널리 신앙되지는 못했던 것 같습니다. 김소월의 〈진달래꽃〉으로 유명한 영변 묘향산에 자리한 유명한 절이 보현사인데 서산 큰스님이 입적하신 곳으로도 유명하답니다. 분단 이전까지는 21개 군내의 절과 암자를 관장하던 본산이기도 했습니다. 그런 인연 때문일까요? 현재 북한의 크고 작은 불교행사가 이곳 보현사에서 치러지고 있습니다.

6·25전쟁으로 남김없이 파괴된 가람이 고스란히 복원돼

있음이 북한을 다녀온 분들이 찍어온 사진으로 소개돼 있기도 합니다. 대웅전 앞의 날렵한 형상의 구층탑은 눈부시게 아름답습니다.

북한 불교를 대표하는 절이 보현사인 것처럼 묘하게도 일본에서 재일동포들에게 한국불교를 전하는 재일불교 총본산의 이름도 보현사입니다. 오사카 이쿠노구의 가쓰야마키타에 자리하고 있습니다.

강원도 명주군의 보현사에는 또 이런 흥미있는 전설도 전해옵니다. 신라 때 천축국에서 문수보살과 보현보살이 도착했답니다. 강릉의 해변에 닿자 먼저 문수사를 지었답니다. 이때 보현보살이 두 보살이 한 절에 있을 필요가 있겠냐면서 활을 쏘았다죠. 그리고 화살 닿는 곳에 절을 지었는데 그곳이 바로 명주군에 있는 보현사랍니다.

절마다 봉사활동을 주로 하는 신행모임이 있습니다. 보육원을 방문해서 아이들의 빨래를 해 준다든가, 양로원을 찾아 노인들의 목욕일을 돌봐주는 등의 실천적인 보살행을 하는 모임들 말입니다. 이들 모임의 이름이 대부분 '보현회'인 것도 보현보살의 행원을 닮아 실천하며 살자는 의미로 보입니다.

문수보살과 함께 석가모니 부처님의 좌우에 모셔져 있습니다.

상불경보살

불교는 하염없이 자신을 낮출 것을 강조합니다. '나'라고 하는
쓸데없는 아상(我相)을 버리기 위해서지요. 교만하기 쉽고, 쉽
게 남보다 우월함에 빠져들기 쉬운 것이 우리네 모습이지 않습
니까. 그 때문에라도 불교에서는 풀잎보다 더 낮은 키로 자기
자신을 낮추라고 이르고 있습니다. 나를 낮추는 대신 철저히
이웃을 위해 살아갈 것을 강조하는 종교가 바로 불교이기 때문
이죠. 하염없이 자신을 낮추며 살아가는 데 있어서 본보기라면
바로 이 상불경보살을 꼽게 됩니다.

《법화경》제20 상불경보살품에 나오는 보살인데 부처님 전
생의 모습이기도 합니다. 말법의 시대에 오만한 불교도가 생겨
서 정법이 흐려지게 됐을 때 상불경이란 비구 스님이 계셨습니

다. 이 스님은 눈에 띄기만 하면 남녀노소 사부대중 모두에게 보이는 대로 절을 하며 이렇게 찬탄하는 겁니다.

"나는 당신을 깊이 존경해 감히 가벼이 여기거나 업신여기지 않습니다. 왜냐하면 당신들은 모두 다 보살도를 실천하여 앞으로 부처가 될 것이기 때문입니다."

이 스님은 예배 찬탄만을 주된 일과로 삼았다고 합니다. 사중이 멀리서 보여도 일부러 찾아가 같은 찬탄을 되풀이했습니다. 그러자 주위에서 성을 내며 욕을 퍼붓는 이들도 생겨났겠지요.

"이렇게 무지한 스님은 도대체 어디서 왔어? 스스로 그대들을 업신여기지 않는다 하고 우리에게 마땅히 부처가 될 거라고 수기하고 있으니 우리는 이런 거짓된 수기를 어떻게 믿나?"

이 같은 욕설에도 스님은 성내지 않고 항상 같은 찬탄만을 거듭하며 예배를 했습니다. 어느 때는 그를 향해 몽둥이, 기와, 돌로 때리거나 던지는 이들도 있었습니다. 어지간하면 그런 이들에겐 상대하지 않을 법한데요. 그런데 이 스님은 멀리 달아나서는 오히려 더 큰 소리로 "나는 감히 그대들을 업신여기지 않습니다. 왜냐하면 그대들은 다 부처가 될 것이기 때문입니다"라고 했답니다. 이 대단한 원력의 스님에게 주위에서 지어 부른 이름이 상불경보살입니다. 이웃들을 항상 부처라고 공경

한 분이란 의미지요.

상불경보살이 입적하려고 할 때에 하늘에서 게송이 들려왔다고 합니다. 상불경보살은 육근의 청정을 얻고 죽은 뒤에 여러 부처님을 뵈면서 공경하고 찬탄해 마침내 석가모니 부처님으로 태어날 수 있었습니다.

왜 상불경보살은 그 갖은 박해를 견디면서 '그대들은 부처가 될 것'이라고 외쳤던 것일까요. 모두가 저마다 세상에 둘도 없는 생명체니까 소중히 여겨야 한다는 의미였을까요? 그보다는 모든 이의 가슴 속에 깃들어 있는 불성을 보았기 때문일 테지요. 우리 모두가 부처가 될 수 있다는 확신을 지니고 있었구요. 그러기에 그것을 일러주지 않고는 못 견뎌했던 것은 아닐까요.

상대를 어떻게 해서라도 깎아내리고 사는 세상, 장점보다는 단점을 확대 해석하는 세상, 나의 승리를 위해선 상대를 짓밟고라도 서야 하는 세상……. 그런 각박한 세상입니다. 그래서일까요, 상불경보살의 정신이 참으로 그리워집니다.

시부모와 갈등하게 될 때, 부부간에 증오의 감정이 생겨날 때, 회사 상사·동료들을 비난하게 될 때, 이웃들과 감정이 악화될 때 항상 이웃을 가볍게 여기지 않았던 상불경보살을 떠올려 볼 일입니다. 내게는 참으로 부족함이 없는 것인지, 내 교만의 무게는 얼마나 나가는지 돌아보고 반성할 일입니다.

선재동자

'동자' 하면 천진난만한 어린 수행자의 모습부터 떠올리게 됩니다. 해맑은 모습의 상징이지요. 하지만 선재동자에게는 동자라는 단어가 영 맞지 않아 보일 수 있습니다. 엄청난 신심으로 나선 구도행각……. 그 주인공이 동자라니…….

동자라기보다 슈퍼맨이라고 불러야 할 것 같지 않습니까. 보살의 구도정신을 오롯하게 온몸으로 받아 지닌 인물인데다가 실존인물이 아니면서도 마치 실존인물인 양 만인의 사랑을 받는 인물이 바로 선재동자지요. 그런 점에선 요즘 젊은 친구들의 우상처럼 '슈퍼스타 선재'라고 불러야 옳을 듯합니다.

그럼에도 불구하고 그는 동자입니다. 엄청난 스케일의 대하드라마 《화엄경》 속에 등장하는 친근감 넘쳐나는 어린 동자이지요.

고은 선생의 소설 《화엄경》은 바로 선재동자의 구도모습을 담고 있습니다. 엄밀하게 말하자면 소설 '화엄경' 이 아니라 소설 '화엄경입법계품' 이라 해야 정확할 듯 싶습니다.

이 소설은 이미 기하급수적인 판매로 베스트셀러가 되었습니다. 보이지 않는 포교가 이루어진 셈이지요.

또한 그 소설을 모티프로 한 영화가 장선우 감독에 의해 선보인 바 있습니다. 줄거리는 입법계품과 다르지만 그것이 지향하는 것은 한가지가 아니었을까요······.

《화엄경》 경전의 끝을 장식하는 입법계품에서는 선재라고 하는 소년을 통해 보살의 모습이 구체적으로 나타나 있습니다. 사바세계, 이 척박한 땅덩어리에서 살아가는 보살의 모습들이란······.

선재동자는 제일 먼저 문수보살을 복성의 동쪽 사라 나무 숲에서 만납니다. 선재동자의 순례길의 시작인 복성은 남인도의 다나카타카 지역이라고 전해지고 있습니다.

이곳에서 문수보살은 선재동자가 어렵게 깨달음을 향한 마음(菩提心)을 지니게 된 걸 찬탄합니다. 그러곤 첫번째 선지식(先知識)으로 길상운(혹은 공덕운으로 번역됨) 스님을 만나뵈라고 일러주지요. 길상운 스님으로부터 시작된 그의 길고 긴 구법의 순례길은 쉰세 명의 선지식으로 이어집니다.

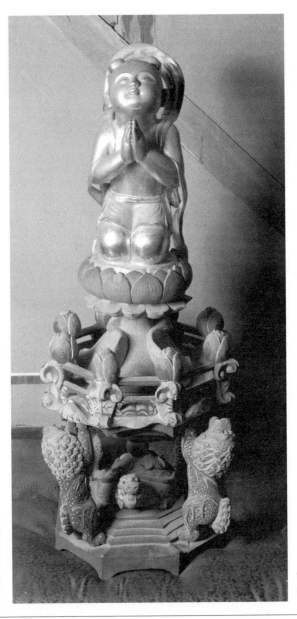

법주사
원통보전 선재동자상

부처님과 보살 재미있는 이름이야기

선지식, 이는 바른 진리를 일러줘 미혹한 사람들을 깨닫게 해주는 스승이란 뜻입니다. 선재동자가 만나는 선지식들로는 바다의 경계를 관찰하고 사유하는 해운스님을 비롯한 비구, 비구니 스님 등 수행자와 관세음보살 등의 보살들이 있습니다. 또한 그가 만난 선지식 중에는 북새통 같은 저잣거리에서 장엄 법문을 설하는 사람, 네거리 정자 위의 거사, 상공업 도시의 약국 주인, 뱃사공, 음탕하다고 손가락질받는 거리의 여인에 이르기까지 참으로 다양한 직업과 신분을 지닌 사람들입니다. 불교 쪽에서 바라보면 외도, 이교도라고 할 수 있는 바라문이니 출가외도 같은 인물도 들어 있습니다. 더구나 강가 모래밭에서 장난하고 있던 자재주동자나 카필라성의 변우동자, 선지중예 동자 등의 어린 선지식들도 있지요.

아마 여러분들 중에는 어떻게 그런 사람들이 스승이 될 수 있을까, 의아하게 생각하는 분도 있을 겁니다. 그렇다면 한번 《논어》에 나오는 "세 사람이 길을 가면 그 중에 스승 될 만한 이가 있다"는 가르침을 곱씹어 보시기 바랍니다.

성별이나 신분, 나이, 종교 등을 모두 초월해 스승을 찾아 갔던 것입니다. 멀고 먼 길을 마다 않고 가르침을 받을 수 있는 인물이라면 그 누구에게라도 머리 숙여 가르침을 청했던 선재 동자의 신심을 한번 생각해 보시죠. 순수하게 열려 있는 마음이 아니고선, 그리고 진리를 구해 깨달음에 반드시 이르고야

말겠다는 단단한 서원이 아니고선 결코 쉽지 않은 순례길이었을 겁니다.

미륵보살을 만나고 다시 문수보살을 찾아가 감격적인 만남을 갖는 선재동자의 구법행각, 그것은 마침내 보현보살의 도량에 들어가 열 가지의 보현행원을 듣고 보현보살을 친견함으로써 대단원의 막을 내리게 되지요. 보현보살은 마지막으로 "부처님의 법신을 믿고 의심하지 않는다면 빠른 시간 안에 궁극의 깨달음에 도달하리라"고 일러 주었습니다. 이는 선재동자의 새 출발인 동시에 우리에게 또 하나의 힘을 주는 가르침이라고 여겨집니다.

경전 속의 내용을 헤아려 보건대 선재동자는 무려 3아승지겁이란 긴 시간 동안 인고의 순례길을 거쳐 1백 11개의 성을 통과하면서 쉰세 명의 선지식을 만나게 됩니다. 명확하게 정리해 보면 숫자상으론 모두 쉰다섯 명의 선지식을 만나는데, 동자의 스승인 변우는 설법을 하지 않기 때문에 제외하고 문수보살은 맨 처음과 맨 뒤에 두 번 등장합니다. 그러니까 모두 쉰세 명이 되는 것이죠.

그런데 《화엄경》 입법계품에서 참으로 신기한 일은 누구라도 선재동자의 발심을 확인하곤 한결같이 칭찬하며 그의 용기를 북돋아 준다는 점입니다. 더불어 내가 아는 것은 이만큼이고 그 이상을 알고 싶으면 누구누구를 찾아가라고 일러준다는 점입니다. 자신의 한계를 어린 소년에게 설명해 주고, 나보다 더 뛰어난 분이 어디어디에 있노라고 일러주는 스승, 그래서 그들을 선지식이라 부르는 것이 아닐까요.

우리가 《화엄경》 중에서도 입법계품의 선재동자를 좋아하는 이유도 그 때문일 겁니다. 출가냐 재가냐를 떠나서 평범한 사람도 깨달음에 이르려는 마음(菩提心)을 지니구요. 간절한 서원을 지닌다면 일상의 하찮은 만남조차 다 수행에 도움이 된다고 하는 진리가 그 안에 담겨 있기 때문이지요.

일본 동대사의 보물 중에는 선재동자가 쉰세 분의 선지식을 찾아 길을 묻는 모습을 두루마리에 담은 그림 〈화엄오십오소회권〉과 〈화엄해회선지식도〉 등이 전하고 있습니다.

최근 조사에 의하면 어린 불자들의 이름 가운데 남자는 선재, 여자는 마야라는 이름이 가장 많은 숫자라고 밝혀지기도 했습니다. 그 이름을 지닌 어린 벗들 모두가 영원한 구도자인 선재동자와 같이 끝없는 구도의 모습을 배워 험난한 세상살이를 지혜롭게 개척해 가기를 발원해 봅니다.

월광보살·일광보살

약사여래 부처님의 좌우에 모셔진 보살입니다. 두 분 다 모두 보관을 쓰고 있으며 일광보살은 손에 일륜(日輪)을, 월광은 반 달형의 보륜(月輪)을 갖고 있어 쉽게 구분이 됩니다. 보륜의 광 채가 햇빛처럼 달빛처럼 환하기 때문에 일광보살, 월광보살이 라고 부릅니다.

《지도론》에 보면 월광태자 이야기가 등장합니다. 월광태자 가 어느 날 외출해서 구경을 다니다가 길에서 나병환자를 만납 니다. 환자는 월광태자에게 간곡히 부탁을 하지요.

"제 몸은 중병이 들어 아프고 괴롭기만 합니다. 그런데 어 찌 태자는 즐겨 놀면서 홀로 즐기고 있습니까. 부디 커다란 즐 거움과 연민의 마음으로 저를 구하고 치료해 주시기 바랍니다."

월광태자는 의사들을 불러 어떻게 하면 나병을 고칠 수 있겠느냐고 묻습니다. 의사들의 이야기인 즉, 태어나서 지금까지 진실로 화를 낸 일이 없는 사람의 혈수(血髓)를 마셔야 한다는 것입니다. 태자는 생각에 듭니다.

'누구라도 자신의 목숨을 아낄 것이다. 누가 혈수를 내놓겠는가. 그렇다면 내 몸 외엔 그 병을 고칠 수 없을 것이다.'

태자는 천민에게 명해 자신의 몸에 살을 제거하고 뼈를 으깨서 그 안의 수를 꺼내 발라주고 자신의 피를 마시게 했습니다. 이때의 태자는 물론 석가모니 부처님의 과거 생애의 모습이었습니다.

불교계에선 생명나눔운동이 번져가고 있습니다. 한 사람의 장기와 안구는 모두 일곱 명의 꺼져가는 생명을 살릴 수 있다잖습니까. 이처럼 자신의 몸을 이웃과 나누는 일은 오랜 옛날 이미 부처님 전생에 수도 없이 있었습니다. 헌혈을 하는 작은 일에서부터 사후 장기기증에 이르기까지 병든 이웃들과 새 생명을 나누어 지니는 불사에 적극 참여하는 일이야말로 가장 성스러운 일이 아닌가 싶습니다.

월광보살은 청명한 허공에 밝은 달이 중천에 떠서 고결한 빛을 우주에 조명하는 것과 같다고 했습니다. 일광보살은 지장보살의 광명이 모든 곳에 주조하는 것을 관장하시고 무한한 공

덕을 베푸는 일을 주재하는 분입니다. 그 때문에 위덕금강이라
고도 부릅니다. 태장계만다라에 있는 지장원에 머물고 계시다
고 합니다.

부처님과 보살 재미있는 이름이야기

대세지보살

아미타 부처님 곁에는 두 분의 보살님이 항상 함께하고 계십니다. 왼쪽에 계신 분이 대자대비하신 관세음보살이란 걸 누구나 알지만 그 오른편에 계신 부처님은 누구일까, 궁금해 하시는 분들이 많더군요. 오른쪽에 계신 분이 바로 지혜의 상징인 대세지보살입니다. 이 세 분을 일컬어서 아미타삼존이라고 합니다.

아미타삼존도에 보면 아미타 부처님 옆에서 연꽃을 든 관세음보살과 함께 합장한 모습으로 계십니다. 대부분 정수리에 보배 병을 얹고 있습니다. 범어로는 마하스타마프라프타(Mahasthamaprapta)라고 합니다.

지혜광명으로 모든 중생을 비춰서 영원한 고통에 떨어진 중생을 구출하기 위해 직접 들어가 구원해 주시는 분으로 알려

천은사 극락보전 아미타극락회상도 대세지보살

부처님과 보살 재미있는 이름이야기

져 있습니다. 고통을 없애고 큰 힘을 얻게 해주는 분이라 해서 대세지보살입니다. 발을 디디면 삼천세계와 마군의 궁전이 진동할 만큼 큰 힘을 지녔다 해서 대세지라 한다는 해석도 있습니다.

불교에서는 지혜를 나무를 자르는 톱에 비유합니다. 지혜는 중생의 심신에 붙어 있는 번뇌망상을 어느 때고 마멸시키고 지워 없애는 힘을 지니고 있기 때문이지요.

《관무량수경》에 이르길 "대세지보살의 한 터럭에서 나오는 빛을 보아도 시방세계 모든 부처님들의 청정하고 미묘한 빛을 알 수 있다. 따라서 이 보살의 이름은 무변광(無邊光)"이라 했습니다.

일설에는 목건련 존자가 신성시 된 모습이 바로 대세지보살이라고도 전해지고 있습니다. 인도나 서역 지방에선 아주 성대하게 신앙된 보살님이 바로 대세지보살입니다.

호법신중

호법신중이란

예불시간이나 법회 때 《반야심경》을 독송하려면 좌측 혹은
우측으로 돌아섭니다. 그 방향에는 신중탱화가 모셔진 신중단이
자리하고 있지요.

신중단을 향해서 《반야심경》을 외는 이유는 어디 있을까요.
신중은 보살보다 한 단계 낮은 지위에 있으면서 불법을 지키고
경전을 수호하는 역할을 맡고 있습니다.

그들은 대부분이 고대 인도인의 신이었습니다. 그러나 불교가
전해지면서 모두 불교를 지키는 신으로 변모합니다. 중국으로
오면서 중국의 도교 유교적인 신들까지 불교의 신으로
포함되기도 했습니다. 39신장이 인도의 신을 끌어안은 것이라면
십대명왕, 팔금강을 비롯한 104위는 불교가 전래되면서 그 나라의
고유신들까지 너른 불교의 품안에 품어 안았던 것입니다.

그런 점 때문에 교리를 복잡하게 만들고 불교를 미신화하게

됐다는 비판도 있습니다. 우리나라의 경우 때때로 불보살님보다
더 영험 있는 분으로 알려지기도 해, 속담 중에 "절에 가면
신중단이 제일"이란 말까지 나오게 되었습니다.

그러나 중요한 것은 이분들이 단순히 복을 주는 분들이 아니라는
점입니다. 수행자를 도와서 깨달음의 길로 이끄는 분들이지요.
따라서 이들 신장들에게 매달리는 것이 아니라 그 방편의 도리를
이해하는 것이 필요하겠죠.

신중 가운데 화엄신중과 영산회상신중이 유명합니다.
화엄신중은 《화엄경》을 설할 때 모였던 분들이지요.
부처님의 《화엄경》 법문을 듣고 불교에 귀의해 영원히 정법을
옹호할 것을 맹세한 성스러운 대중들입니다. 영산회상신중은
《법화경》을 설할 때 모였던 신중들입니다.

호법성중(護法聖衆)이란 용어도 같은 의미입니다.

십육나한

지금은 갈 수 없는 땅, 함경남도 북청의 설봉산에는 나한사라는 절이 있었습니다(있었다고 하는 것은 지금도 있는지 확인할 수 없기 때문입니다). 이곳에 전하는 영험설화 한 토막을 소개하지요.

조선 중기였다고 합니다. 나이 드신 비구니 스님께서 동짓날에 출타하셨다가 늦은 저녁에야 들어오셨던가 봅니다. 불씨가 꺼져 있을 것을 염려했으나 부엌에 가보니 솜뭉치 불이 있었습니다. 그 덕에 추위를 면할 수 있었지요. 다음 날 아침 마을로 내려가신 노스님은 마을 주민들에게 어젯밤 절에 불씨를 가져다 줘서 고맙다는 인사를 합니다. 그랬더니 마을 주민들은 한결같이 어젯밤에 동자승이 내려와서 불씨를 얻어갔다는 겁니다. 더구나 그 동자승에게 동지팥죽을 주었다지 뭡니까. 동자승이라곤 없는데…… 하면서 고개를 갸웃거리던 스님은 절에 돌아와 16나한상을 둘러보았습니다. 아니, 이럴 수가! 그 가운데 한 나한상의 입에 동지팥죽이 묻어 있는 게 아니겠습니까.

이처럼 나한에 얽힌 일화는 수없이 많습니다. 익살스런 그들의 표정만큼이나 장난을 즐기는 것으로도 유명하지요.

고려 때의 진묵스님이 하루는 길을 가는데 한 사미승을 만나게 되었습니다. 물가에 이르자 사미승이 먼저 물을 건너보겠다며 물로 뛰어들어갔는데 물이 전혀 깊어 보이지 않았습니다. 이에 진묵스님은 마음을 푹 놓고 뒤따라 들어갔겠지요. 그러나 스님은 그만 깊은 물속에 빠지고 말았습니다. 그제서야 스님은 나한의 짓궂은 장난임을 알았다고 합니다. 요즘도 나한님네들의 괴팍할 정도로 짓궂은 장난과 마주했다는 스님들을 더러 만나게도 됩니다. 믿거나 말거나.

나한전을 참배하게 되거든 반드시 그 앞에 가서 한 분 한 분의 얼굴 모습을 찬찬히 들여다보는 일을 잊지 마십시오. 어금니까지 모조리 드러내고 웃거나, 눈을 내리뜨고 참선에 들거나, 계면쩍은 듯 뒤통수를 어루만지거나 혹은 효자손 같은 막대기로 등을 긁어대거나……. 어쩌면 그 표정들이 그리도 익살스럽고 재치 있는지 놀랍습니다. 나한이 지니는 이상화된 성격과 인간적인 면모를 적절히 조화시키고 있다고나 할까요. 인간

송광사 응진전 16나한상

적이고 해학적이어서 친근감이 넘쳐납니다. 제가 장담하지요,
이 열여섯 분을 친견하는 동안에는 누구라도 마음자리가 한결
넉넉해질 겁니다.

  아라한(Arhan)을 줄여서 나한이라고 합니다. 풀어서 말하
자면 성자(聖者)입니다. 세상에서 존경받을 만한 자격이 있는
수행자, 종교적으로 최고의 진리에 다다른 자라는 의미를 지니
고 있습니다. 번뇌를 아주 떠났기 때문에 불자들이 공양을 올
리면 그것이 다 공덕이 된다해서 복전(福田)이라고도 불립니다.

아라한에는 두 가지 설이 있습니다. 부처님의 10대 제자를 비롯한 열여섯 분의 제자라고 하는 설과 부처님 뜻에 따라 영원히 사바세계를 왕래하면서 정법을 지키는 성자라는 설이 그 것입니다.

부처님의 교화를 받고 아라한과를 증득한 열여섯 명의 뛰어난 부처님 제자를 16나한이라고 말합니다. 이들은 개인으로서가 아니라 열여섯 분이 함께 신앙의 대상이 되고 있습니다. 열여섯 분의 제자들이라면 10대 제자 외에 판타카, 나가세나 등입니다. 《입대승론》에는 '부처님이 열반하실 때 16나한에게 불멸 후의 불교를 보호하고 지킬 것을 일임하셨다'고 전합니다.

후대에 오면서 개인적인 깨달음에 만족하고 있는 소승적인 수행의 완성자를 뜻하게 된 것이지요. 처음에는 깨달음을 추구하는 사람을 아라한이라고 불렀습니다. 더 이상 나고 죽는 생사윤회의 흐름에 영향받지 않는 최고의 깨달음을 얻었기 때문에 불자들은 이들을 가장 덕 높은 성자로 예배하고 받듭니다.

삼계의 더러움에 물들지 않고 정법의 시대에는 불교를 지키고 말법의 시대에는 복전이 돼 불자들로 하여금 열반의 과보를 얻게 한다고 합니다.

《법주기》에 보면 아라한은 무학(無學)이라 했습니다. 이미 생사를 끊어서 다시 배울 법이 없다는 것이죠. 그런데도 이들 아라한은 인간세상에 살면서 법을 수호한다고 했습니다. 무차법회를 열 때 여러 권속들과 함께 와서 이 공양을 받구요, 베푸는 자에게 복을 얻을 수 있도록 한다고도 합니다.

나한신앙은 우리나라를 비롯해서 중국과 일본 등에서 널리 성행한 신앙입니다. 나한에 대한 최초의 언급은《삼국유사》가락국기에 등장합니다. 김수로왕이 도읍을 정한 뒤에 "산천이 빼어나서 가히 16나한이 살 만하다"라 했답니다.

고려시대에 나한신앙이 크게 성행했습니다. 통일신라 이래로 팽배해 온 선종이 유행하면서 불법을 전하고 수호하는 분으로서 나한신앙이 번져간 것이죠. 나한재가 빈번히 열리고 나한을 봉안한 전각을 절의 금당으로 삼은 경우도 있을 정도였습니다.

나한은 계를 깊이 지키는 분으로 알려져 있습니다. 그 때문인지 나한재를 지낼 때에는 특별히 몸가짐에 신경을 써야 한다는 게 민간신앙처럼 이어져 왔습니다.

억불정책이 이루어지던 조선조에도 나한신앙은 상당히 성행했던 모양입니다. 집현전의 부제학 안지 등이 "한양 인왕동의 나한당에 너무 많은 선남선녀들이 모여드니 뒤에는 금지할 수 없을 것"이라며 16나한당을 폐쇄해 달라는 상소문을 올릴 정도였으니까요.

나한님들의 모습을 담은 것이 나한도입니다. 나한신앙이 발달함에 따라서 16나한, 18나한, 5백 나한 등의 개념이 나타나게 되는데 그 가운데 가장 많이 채택된 경우는 16나한입니다.

중국의 현장스님이 번역한 《대아라한난제밀다라소설법주기(大阿羅漢難提密多羅所設法住記)》에 보면 16나한의 명칭과 권속 등에 대해 보다 자세히 기록돼 있습니다.

16나한도는 조선시대의 것만 전하는 바 나한전이나 응진전에 봉안돼 있습니다. 나한도는 일정한 규범에 의해 그리는 것이 아니라 자유스러워서 불교회화에서 가장 예술성이 잘 드러나는 장르라고 볼 수 있겠습니다.

다들 기억하실 겁니다. 일반적으로 나한도라고 하면 심산유곡을 배경으로 해서 동자를 곁에 두거나 호랑이와 같은 신령스런 동물을 곁에 거느리기도 하지요. 그것은 나한의 신통력을 드러내기 위한 상징이 아닐까 싶습니다. 더러 이국적인 모습의 나한님 모습도 볼 수 있으나 대부분의 나한도에서는 탈속한 노승의 모습이 많이 그려져 있습니다. 근엄하기보다는 한결같이 해학적이고 인간적인 정을 지닌 모습들입니다.

나한의 신통력이나 깊은 수행에서 오는 해탈의 분위기 등은 참선을 깨달음의 방편으로 삼는 선종의 성격과 부합되는 점이 많습니다. 그 때문에 나한도는 수묵을 위주로 한 선종화로도 많이 그려졌습니다.

나한을 모신 곳을 나한전, 응진전(應眞殿)이라고 합니다. 규모가 아주 컸던 대가람에서는 영산전에 석가모니불의 좌우로 16나한을 모시기도 합니다.

고창 선운사 영산전의 나한상을 비롯해 송광사, 천은사, 옥천사 등의 16나한상이 손꼽히는 나한상들입니다. 부산 마하사의 응진전은 유명합니다.

부처님과 보살 재미있는 이름이야기

오백나한

우리 불교에서는 5백이란 숫자에 얽힌 사연이 많습니다. 참으로 오랜 시간을 가리켜서 오백생(五百生)이라고 표현하구요. 부처님께서 과거 보장 부처님의 처소에서 세운 광대무량한 서원이 5백 가지였다고 해서 오백대원(五百大願)이라고 합니다. 《지도론》에 보면 5백 선인(仙人)이 산중에서 목욕하며 노래하는 건다라녀에게 마음을 빼앗겨 선정을 잃었다는 이야기도 있습니다.

《현우경》에는 이런 이야기도 전합니다. 부처님이 사부대중을 위해서 설법을 하고 계실 때 5백 마리의 기러기가 그 설법을 기쁘게 듣고 하늘에서 내려왔다고 합니다. 그런데 때맞춰서 사냥꾼이 그 5백 마리의 기러기를 모두 사로잡고 맙니다. 5백 마리의 기러기가 한꺼번에 몰살당하지만 법문을 기쁘게 들은 공덕으로 그들은 모두 도리천에 태어났다고 합니다.

　비슷한 소재지만 좀 다른 줄거리가 《본생담》에 전하고 있습니다.

　5백 마리의 기러기가 하늘을 날다가 기러기의 왕이 그만 사냥꾼의 그물에 걸리고 말았습니다. 이때 한 기러기가 슬피 울며 몸을 던졌구요, 나머지 5백여 마리의 기러기들은 하늘을 배회하며 떠나지 않았습니다. 생각해 보십시오. 말이 5백 마리지 하늘을 뒤덮었을 기러기 떼에 사냥꾼은 얼마나 기가 질렸겠습니까. 차마 기러기의 왕을 죽이지 못하고 놓아 주게 됐겠죠. 그 이야기가 전해지자 국왕은 기러기 고기를 먹지 않았다고 합니다. 이때의 왕은 아사세왕이구요, 그물에 걸린 기러기의 왕은 부처님이라지요. 슬피 울며 떨어진 기러기는 아난 존자며 5백 기러기는 5백나한이었다고 합니다.

　아라한과를 이루신 5백 분의 성자를 5백나한이라고 합니다. 이들을 5백 상수(上首)라고도 부릅니다.

　그런데 이분들에 대해서는 여러 가지 설이 있습니다. 그 하나는 부처님이 살아 계실 때, 수행을 통해서 아라한이 된 5백 분의 제자들이라는 주장입니다. 《법화경》 제8 오백제자수기품에 보면 코살라국 사위성에서 5백 분의 나한을 위해 부처님께서 설법을 하신 일이 있습니다. 이들 5백 명의 아라한들은 부처님으로부터 곧 그대들도 부처가 되리라는 예언을 듣습니다.

그런가 하면 칠엽굴 결집에 참여했던 5백 분의 스님들을 가리킨다고도 합니다. 부처님께서 열반에 드신 후 부처님의 가르침을 정리해 두려는 작업이 이루어집니다. 가섭 존자를 중심으로 5백 분의 제자들이 한 자리에 모이지요. 이를 결집이라고 합니다. 아라한의 경지에 있던 이 5백여 분의 제자들을 5백나한이라고 부르는 것이죠.

제1 결집 외에 제4 결집 역시 5백 분의 제자들이 동참했습니다. 이분들도 역시 5백나한으로 불리고 있습니다.《대비바사론》을 결집한 주인공들인데요. 이분들의 전생담도 흥미롭습니다.

모두 5백 마리의 박쥐였다고 합니다. 이들은 인도 남해에 말라죽은 큰 고목나무에서 함께 살고 있었습니다. 어느 날 지나던 장사꾼들이 추위를 피하기 위해 피워둔 불길이 잘못 번져 그만 박쥐들의 보금자리인 고목나무로 옮겨 붙었던가 봅니다. 마침 한 상인이 아비달마장을 외고 있었는데 5백 마리의 박쥐들이 모두 불나는 것도 잊고 아비달마장 법문에 빠져 고스란히 타죽고 말았습니다. 박쥐들은 그 인연으로 사람으로 태어나게 되었구요. 출가해 모두 아라한이 됐으며 제4 결집이 봉행될 때 《대비바사론》을 결집해 냈다고 합니다.

이런 인연담을 접하시면 어떤 느낌이 드십니까? 여기에는 언제나 자신의 몫에 대한 책임이 따르게 마련인 것 같습니다. 그것이 과거생의 일일지라도. 그렇다면, 수십 생을 두고 얽히고 설켰을 우리들의 인연들은 어떤 모습일까요. 아무쪼록 맑고 청정하게 살아야겠다는 다짐을 하게 됩니다.

영천 은해사 거조암 영산전의 석조 5백나한상은 유명합니다. 저마다 독특한 모습을 지니고 있을 뿐만 아니라 영험이 높다고 알려져 있습니다. 김제 금산사의 5백나한님들은 대적광전에 불보살님과 함께 모셔져 있습니다. 금산사 대적광전은 정말 독특한 구조입니다. 나한전 · 약사전 · 극락전의 모든 기능을 두루 하나로 모아 놓았기 때문이지요. 보물로 지정돼 있던 이곳이 십여 년 전에 불타 한순간에 사라지고 말았습니다. 방화로 추정되는 사건이었습니다.

목조로 이루어진 성보유산은 한순간에 잃어버리면 천 년 세월조차 잃고 만다는 것을 교훈처럼 일러준 사건이기도 했습니다. 그 뒤로 절마다 각종 첨단 화재방지 장치들이 마련됐습니다만 그러나 그것이 어디 참으로 소중히 보살피고 보존하려는 우리네 심정만 하겠습니까. 동해의 낙가사엔 청자로 조성한 5백나한상이 모셔져 있기도 합니다.

나한전에 가시면 뒤에 모셔진 후불탱화까지 면밀하게 살펴보시는 일도 잊지 마십시오. 이들 탱화는 나한님들이 수행할 때의 일화나 신통력들을 주된 소재로 삼고 있습니다. 그림 속에 담긴 이야기를 읽는 재미도 나한님들의 소탈한 면모를 바라보는 일만큼이나 즐겁기 이를 데 없습니다.

독성

신라 때에 사실화의 대가라면 솔거스님이 으뜸일 겁니다. 날아가던 새가 살아 있는 소나무인 줄 알고 황룡사 벽화에 날아와 앉다가 떨어졌다는 전설 같은 이야기가 전하고 있지 않습니까.

그 솔거스님이 꿈속에서 단군할아버지를 뵙니다. 깨자마자 목욕재계하고 그 모습을 그림으로 담아 신라인들에게 배포하지요. 글쎄요, 그 그림이 오늘날 단군을 모신 사당에 그려진 단군할아버지 진영과 얼마나 닮아 있을지는 의문입니다. 전하지 않기 때문인데요. 과연 솔거스님이 그린 단군할아버지의 초상이 아예 흔적조차 없이 사라지고 말았던 것일까요?

그러나 많은 분들이 독성각에 모셔진 흰 수염의 노인이야말로 단군할아버지의 모습이 아니겠느냐고 추정하고 있습니다.

독성탱화를 보면 천태산을 배경으로 나이 드신 스님 한 분이 오른손에 석장을 짚고 왼손에 염주나 불로초를 들고 앉아 있는 모습이 일반적이지요. 늠름한 호랑이를 곁에 두고 불로초가 자라는 산 속에 인자한 자태로 앉아 계신 모습이야말로 단군할아버지 초상의 잔형을 보이는 것이 아니겠느냐는 것이죠. 이를 최초로 주장한 분은 육당 최남선 선생입니다. 독성각의 존자는 다름 아닌 우리의 단군이라는 설을 밝힌 바 있습니다. 국조 단군이 산신의 형태로 민중들 속에 신앙돼 오다가 불교가 들어오면서 그것을 끌어안았다는 주장입니다. 민중들의 신앙을 한껏 끌어안았던 불교로서는 충분히 가능한 이야기일 겁니다.

인생이란 홀로 밤길을 가는 존재와 같다고 하지 않습니까. 독성이란 말 그대로 홀로 깨달으신 분이란 의미입니다. 부처님이 안 계신 세상에 태어나서 고요한 숲에서 선정을 닦으면서 스승 없이 홀로 인연의 도리를 깨치신 성스러운 수행자를 말합니다. 더러는 스승 없이 홀로 깨친 직후의 부처님을 가리키기도 하지요.

그러나 일반적으로 독성이라 하면 미륵불이 출현하는 용화세계를 기다리고 있다는 나반 존자로 봅니다.

부처님의 제자 가운데 나반 존자라는 분은 안 계신 것 같습니다. 그렇다고 중국이나 일본에서도 찾아볼 수 있는 분도 아

법주사 독성도

닙니다. 어쩌면 우리 민족만이 모시는 아주 특별한 성인일지도 모릅니다.

이를 두고 학계에서는 나반 존자란 18나한 중에 한 분인 빈두로 존자가 아닌가 추정하기도 합니다. 우선 독성각에 모셔진 나반 존자의 형상이 빈두로 존자와 흡사하기 때문입니다. 눈처럼 하얀 눈썹이 눈을 덮고 있는데다가 백발, 신통력을 지니고 있다는 점 등이 공통됩니다.

빈두로 존자는 발치국 사람으로 어려서 출가해 아라한이 되었으며 신통력이 남달랐다고 전합니다. 한때 왕사성의 거리에서 신통력을 발휘하다가 외도들의 조소를 받기도 했는데 이때 부처님께서 부질없이 신통을 부리지 말라고 이르셨다죠. 후에 열반에 들지 않고 남인도 마리산에 있으면서 부처님 열반 이후의 중생을 제도하고 말세중생의 공양을 받아 대복전이 됐다고 합니다. 즉 이 세상에 머물고 있는 아라한입니다.

홀로 깨달았으나 이웃을 위해 널리 교화하려 하지 않는다고 해서 대승불교권에서는 성문승과 함께 소승이라고 비판받기도 했습니다.

어떤 학자들은 나반 존자는 천태산에서 해 뜨고 지는 것, 철따라 세상이 운행되는 것을 보며 홀로 깨달은 성인이라고 이야기합니다. 이 같은 나반 존자 신앙은 조선시대에 가장 성행했습니다. 불교가 핍박받고 나라가 혼란스러웠을 때 말법중생에게 복을 주고 소원을 성취시켜 준다는 나반 존자에 대한 믿음이 널리 퍼졌던 모양입니다. 나이 지긋하신 노보살님 중에는 지금까지도 대웅전을 참배하기보다는 독성각에서 불공 올리는 분이 많습니다.

우리나라 독성각 가운데 운문사 사리암, 수유리 삼성암, 해인사 희랑대 등이 유명합니다. 물론 어느 기도나 정성은 한 가지겠습니다만, 특히 독성각에서 기도하는 이는 목욕재계해야 하고 공양물도 제대로 갖춰야 한답니다. 그 이유요? 예로부터 어르신네들이 그렇게 이르셨기 때문이지요.

독성각이나 산신각이 없는 절에서는 삼신각이 있기도 합니다. 독성과 산신 그리고 칠성을 한 자리에 모신 전각입니다.

제
석
천

제야의 종소리를 들을 때면 만감이 교차합니다. '뎅~ 뎅~' 울리는 보신각 종소리를 들으며 저무는 한 해, 과연 나는 참된 부처님 제자로서 성실히 수행했는가 하는 되돌아봄의 시간을 갖게 되는 것은 저만이 아닐 겁니다. 보신각 종소리는 서른세 번 울립니다. 제야의 종뿐만 아니라 각종 기념일에 울리는 종도 서른세 번 치지요. 그 이유는 무엇일까요?

불교의 사상 때문입니다. 불교에서 삼십삼천이라고 부르는 하늘이 있습니다. 도리천(忉利天)이 그곳입니다. 이 하늘나라 대중들에게 부처님의 도량으로 모이라며 종소리가 울려 퍼지는 겁니다.

절에서 예불시간에 울리는 종소리는 28번입니다. 불교의

석굴암 제석천

하늘관인 스물여덟 개의 하늘에 두루 울려 퍼지라는 의미지요.

지혜로웠던 선덕여왕이 세상을 뜨기 전에 도리천에 묻어 달라는 유언을 남겼답니다. 문무백관들이 정성껏 좋은 자리를 잡아 왕릉을 마련하는 길 말고 왕을 도리천에 묻는 일이 가능키나 한 일이었겠습니까. 그러나 후일 왕릉 아래쪽에 사천왕사가 건립됩니다. 사왕천 위에 도리천이 있다는 불교적인 교리로 보자면 선덕여왕의 왕릉이 도리천인 셈입니다. 여왕의 유언대로 꼭 들어맞은 셈이지요.

도리천의 왕이 제석천입니다. 도리천은 세계의 중앙에 위치한다는 수미산 정상에 있는 하늘입니다. 지상에서 보자면 가장 높은 곳, 하늘세계로선 아래에서 두번째에 해당하는 곳에 도리천이 있습니다.

제석천은 본래 인도성전인 《리그베다》에 나오는 인드라(Indra) 신이었습니다. 최고의 신격을 지닌 강력한 힘의 신이라고 합니다. 그러나 부처님의 감화를 입어 불교에 귀의하게 되죠. 그 뒤론 범천과 함께 정법을 수호하고 부처님과 그 제자들을 옹호하겠다는 서원을 세우고 우리 불가의 수호신이 됐습니다.

《화엄경》에는 부처님께서 찾아가신 도리천에 관한 부분이 등장합니다.

부처님께서 돌아가신 어머니 마야부인에게 설법하기 위해

올라가신 곳이 바로 도리천궁이었습니다. 부처님의 설법을 위해 제석천은 사자좌를 설치하구요, 정성을 다해 장엄하고 부처님을 영접합니다. 이처럼 제석천은 부처님 설법자리에 나타나 법회를 수호합니다. 그런가 하면 현실인 사바세계를 다스리는 천왕으로서 중생의 번뇌와 죄를 다스리는 역할도 함께하고 있습니다.

또한 인다라망(因陀羅罔)의 무기로 아수라의 군대를 정벌하기도 한답니다. 인다라망은 제석천궁에 장엄된 그물인데 수없이 많은 보배구슬로 이루어져 있고, 흔들면 아름다운 빛을 발한다고 합니다. 결국 인다라망이란 모든 세계가 홀로 있지 않고 첩첩이 겹쳐진 가운데 서로 얽히고 부대끼면서 함께 존재한다는 중중무진법계의 진리에 비유되고 있습니다.

《잡아함경》에 "부처님께서 말씀하시길, 제석천은 본래 사람이었으나 사문이나 바라문 등의 수행자에게 음식과 재물과 향과 의구와 등불을 베푼 인연으로 제석천이 되었다"고 전하기도 합니다.

우리의 제석신앙은 하늘에 대한 외경심리와 결부됩니다. 불교가 도입되기 전에 지녔던 하늘에 대한 신앙이 불교를 통해서 보다 이론적인 근거를 지니게 되구요. 이에 따라 하늘과 제석천은 자연스레 동격이 되는 거지요.

전북 익산의 왕궁리 궁평마을에 빈 절터가 하나 있는데, 제석사 자리입니다. 지금도 사람들은 이곳을 제석들이라고 부르고 있습니다. 백제 무왕이 궁평으로 왕궁을 잡은 뒤에 제석천을 주존으로 모시는 내불당으로 절을 창건하고 왕실의 번영과 국가의 안녕을 기원했던 절이었지만 639년에 벼락에 의해서 불전과 7층목탑 등 절이 완전히 전소되고 말았습니다.

신라의 홍경스님이 중국에서 대장경의 일부를 가져왔을 때, 이를 제석원에 두고 제석도량을 열었다는 기록이 전하기도 하구요. 고려 때에는 태조 왕건이 내제석원(內帝釋院), 외제석원(外帝釋院) 등을 세웠으며 고려 때에는 매년 정월마다 제석도량이 베풀어졌습니다. 제석천에게는 어려움을 이겨내는 능력이 있다고 해서 나라가 위기에 처할 때마다 제석도량이 마련됐던 것입니다. 제석도량은 하늘에 대한 재래의 민간신앙과 잘 결합하면서 우리의 독특한 신앙형태로 자리잡게 됩니다.

제석천왕은 한 손에 금강저를 들고 머리에 보관을 쓰고 있는 모습으로 많이 등장하고 있지요. 그림으로는 사찰 신중탱화에서 쉽게 만나볼 수 있습니다. 신중탱화 속에 다른 선신들과 함께 묘사되고 있지만 독립신앙으로 분리되면서 제석천을 중앙에 두고 32천왕이 묘사한 제석탱화도 있습니다. 고려 불화의 경우에는 이마에 수직의 눈이 그려져 있어서 범천과 확실하게 구분이 되고 있습니다. 통도사 대웅전의 제석탱화, 파계사 설선당의 제석탱화가 유명합니다.

범어로 샤크로데반드라(śakródevāndra)이며 석제환인다라
(釋提桓因陀羅), 석가제바인다라(釋迦提婆因陀羅)라고 쓰던 것을
줄여서 제석천이라고 부릅니다. 단군할아버지 이야기 속에 등
장하는 환인도 제석천이 아닌가 여겨집니다. 석제환인다라를
줄여서 제석천이라고 불렀기 때문입니다.

불교와 무관하지만 제석신을 위한 굿거리도 있습니다. 이
를 제석굿이라고 하지요. 단군신앙이 변모해서 생긴 굿인 듯합
니다. 지역에 따라 조금씩 성격이 다르긴 하지만 무엇보다 수
명과 다산(多産)을 기원하는 성격의 굿이란 점이 특징입니다.

범천

석가모니 부처님께서 깨달음에 이르시고 보리수 아래에서 여러 주일 동안 해탈의 기쁨에 젖어 계셨습니다. 길고 긴 진리의 즐거움 속에 젖어 있던 부처님께선 고민에 빠지게 되지요. 미혹한 중생들에게 자신이 깨달은 진리를 전할 것인가 말 것인가에 대한 고민이 그것이었습니다.

"내가 깨달은 법은 매우 깊어서 이해하기가 어렵고 알기가 어렵다. 모든 중생은 세속의 법에 묶여 있으므로 진리를 이해할 수 있는 사람은 없을 것이다. 그렇다면 차라리 침묵하고 있다가 열반의 즐거움 속에 들어갈 것인가!"

이때 나타난 이가 범천입니다. 그의 출현을 우린 다행스럽게 여겨야 할 겁니다. 범천은 부처님께 연못 위 연꽃의 비유를

석굴암 범천

들며 반드시 진리를 알아들을 사람이 있을 테니 꼭 설법해 주시기를 거듭 세 번 청합니다. 이를 받아들여 부처님께서 법을 전할 것을 다짐하지요. 이것이 유명한 범천권청(梵天勸請)입니다.

불교가 대중 속에 들어와 진리의 수레바퀴가 비로소 굴러가게 됐다는 점에서 불교적으로 의미 깊은 대목입니다.

신라의 만어사 창건에도 범천왕의 권청과 비슷한 사연이 전합니다. 그곳에 독룡과 나찰녀가 있어서 수시로 번개와 천둥을 내리는 통에 몇 해 동안 곡식이 자라지 않았습니다. 그때 부처님께서 나타나 용왕과 나찰녀에게 계를 주시고 법을 설해주시자 용이 계속해서 나쁜 마음이 생길 것 같으니 앞으로 이곳에 계속 머물러 달라고 간청을 합니다. 그때 범천왕이 찾아와 부처님께 청합니다. 부처님은 미래세상의 모든 중생을 위해야 할 존재이신데 어찌 홀로 있는 독룡만을 위하시면 어쩌냐구요. 그러자 수천의 범천이 함께 같은 사연을 청했구요. 부처님은 바위속으로 몸을 나투어서 4면으로 그 모습을 남기시곤 떠나셨답니다. 혹은 그 바위에 부처님의 그림자를 남겼다고도 전합니다.

범천은 법회의 자리에서 부처님과 자주 문답을 벌이기도 합니다.

범천은 대범천왕, 대범왕 등의 이름으로 불립니다. 적정, 청정, 욕망을 떠남 등으로 번역되기도 합니다. 모든 욕심을 여읜 분이라 모습조차도 단아하고 맑고 깨끗합니다. 늘상 중생을 어여삐 여기는 마음을 지니고 계시지요. 욕계·색계·무색계 등의 삼계 가운데 색계의 초선천(범중천, 범보천, 대범천)을 주관하는 하늘신이 범천입니다.

본래 인도 브라만교 우주창조의 신이었습니다. 비슈누, 시바와 함께 3대 신으로 손꼽힙니다. 그러나 제석천처럼 불교 안에 수용되면서 불법 수호신의 역할로서만 등장하고 있습니다.

범천은 불상 가운데 가장 빨리 조성됐습니다. 간다라 지방에서는 부처님의 협시로 제석천과 함께 조성되기도 했습니다. 늘 범천 곁에는 제석천이 함께합니다. 그래서 어느 쪽이 범천인지 헤아리려면 왼손에 정병을 쥐고 있는지를 살펴보는 편이 수월합니다. 형상에 대해서 경전에는 오른손에 연꽃과 보주, 왼손에 정병을 들고 있다고 기록돼 있기 때문입니다.

무량수전으로 유명한 부석사 조사당에는 본래 범천과 제석천 그리고 사천왕이 사람 키보다 더 훤칠한 길이로 그려져 있었습니다. 이를 일제 때 일본으로 옮겨가려고 벽화를 모조리 떼어놓았다가 끝내 가져가지 못했지요. 잘게 부수어지고 금이 간 그 그림들이 지금은 부석사의 유물전시관 입구에 힘 있는 모습으로 서 있습니다. 전하는 고려불화 가운데 오래된 작품입니다. 부석사에 가거들랑 끝내 버티고 일본땅으로 끌려가지 않았던 여섯 분의 수호신들 앞에 감사의 합장이라도 올려보는 일은 어떻겠습니까.

금강역사

요즘 젊은 세대들이야 결혼할 때 18K 반지 하나씩 나누어 갖는 것으로 예물을 대신할 만큼 합리적이라고 들었습니다. 그러나 한때 다이아몬드 반지가 유행처럼 번진 적도 있습니다. 비싸도 너나없이 끼려고 했던 가장 큰 배경이야 물론 과시욕에서 비롯된 것이겠지요. 기죽고 살지 않겠다는 욕심 말입니다.

다이아몬드가 결혼하는 두 사람의 예물로 각광을 받는 본 뜻은 값이 비싸서가 아니라 그 보석이 세상의 돌 가운데 가장 단단하다는 데에 있습니다. 두 사람의 사랑이 다이아몬드처럼 견고하게 이어지길 비는 마음이랄까요.

다이아몬드는 금강석이라고도 불립니다. 이 금강석으로 만든 무기가 금강저(金剛杵)입니다. 무기이긴 하지만 사람을 죽이

는 무기는 결코 아닙니다. 번뇌와 망상을 부수는 무기죠. 때로
는 수행자의 정신력을 무장하는 상징적인 의미로 쓰이기도 합
니다. 제석천과 금강역사가 들고 있는 무기가 바로 금강저입니
다. 이 세상의 무엇으로도 파괴할 수 없다는 무기, 그러나 금강
저로써 파괴하지 못하는 것이 없다는 무기, 그것이 바로 금강
저입니다.

금강역사는 이 금강저를 들고 일주문과 사천왕문 사이에
있는 금강문에서 절을 지키는 수문장 역할을 하는 분입니다.
인왕(仁王)역사라고도 부릅니다. 본래는 인왕이 아니라 두 분
의 왕이라 해서 이왕(二王) 혹은 집금강신(執金剛神)이라고 불렀
습니다. 인도에서는 문을 지키시던 분들이었으나 불교에 수용
되면서 호법신이 된 것입니다.

인왕문이나 금강문이 없는 절의 경우엔 법당 벽면에 여러
인왕의 모습을 담은 탱화를 통해 절을 수호하기도 합니다. 불
이문이나 해탈문에 금강역사의 모습이 그려져 있는 절도 있습
니다. 문을 드나들면서 그런 그림들도 스쳐 지나진 마십시오.
그림 속에 금강역사가 무서운 표정으로 서 있는 것은 다 이유
가 있기 때문입니다.

문을 드나드는 이들의 번뇌와 망상을 마치 한 방에 날려버
릴 듯이 두 주먹을 불끈 쥐고 있는 금강역사가 있는가 하면, 번
뇌와 망상을 단칼에 잘라버릴 듯이 드센 칼을 휘두르고 있는

화엄사 금강문 금강역사

부처님과 보살 재미있는 이름이야기

분도 있습니다.

이분들은 중생따라 몸을 나타내면서 삿된 마음을 항복받고, 부처님의 화신이 있는 곳마다 따라나서서 온갖 부처님 처소에서 항상 게으름 없이 불법을 수호하고 계십니다.

보통 금강문으로 들어가는 입구에 섰을 때 왼쪽에는 밀적(密迹)금강, 오른쪽에는 나라연(那羅延)금강이 서 있습니다. 이 두 금강역사를 쉽게 구분하는 방법을 일러드릴까요?

밀적금강은 옴마니 반메훔 할 때의 '훔'을 발음하듯 하는 표정입니다. 입을 꾹 다물고 방어하듯 서 있습니다. 그래서 밀적금강역사를 일러 '훔금강역사'라고 부르지요. 반면에 '아' 하고 소리지르듯 입을 크게 벌린 모습으로 마치 내리칠 듯한 공격적인 모습을 한 분이 나라연금강역사입니다. 이 분은 '아금강역사'라고도 부릅니다. 소리를 크게 지르면 그 소리로 귀가 먹는다는 분입니다. 건강을 상징하고 있기도 합니다. 나라연이란 견고하다, 큰 힘을 지니고 있다는 뜻입니다. 그 마음을 무엇으로도 부술 수 없는 존재라는 이야기지요.

범어의 첫 글자가 '아'로 시작되고 '훔'으로 끝난다지요. 그런 점에서 이 두 분의 금강역사 모습이 갖는 의미는 아주 큽니다. 시작과 끝을 연결하면서 완성과 영원의 모습을 상징하고 있기 때문이지요.

밀적금강은 손에 금강저를 쥐고 항상 부처님을 호위합니

다. 야차신의 우두머리구요. 밀적이란 이름은 부처님의 온갖 비밀스런 사적은 모두 듣겠다는 서원을 세웠다고 해서 생겼습니다.

나라연금강은 천상계의 역사입니다. 그 힘이 코끼리의 백만 배나 된다고 하니 엄청난 힘입니다. 이들 역사의 머리 뒤에는 반드시 후광이 비추고 있습니다. 단지 힘만 센 것이 아니라 빛나는 지혜도 갖추고 있음을 보여주는 상징이지요.

《섭무애경》에 보면 "신체는 살색으로 분노하며 마구니를 항복시키는 모습이다. 육계 모양으로 묶은 머리에 왼손은 주먹을 쥐고 허리를 누르며 오른손에는 금강저를 잡고 있다"라고 설명하고 있습니다. 이 설명 그대로라면 석굴암의 금강역사를 떠올리게 되지 않습니까.

그러나 아무리 같은 설명을 보고 그린 그림이거나 조각상이거나 드러나는 형상에는 언제나 만든 이의 심성이 깃들어 있게 마련입니다. 때문에 같은 금강역사라고 하더라도 그 모습이 절마다 다르게 마련이지요. 산치의 대탑에 새겨진 금강역사의 모습은 우리 것과는 차이가 큽니다. 일본만 해도 금강역사상은 대부분 힘줄까지 낱낱이 드러날 정도로 힘이 넘치게 묘사돼 있습니다. 그래서 굉장히 사납다는 인상마저 듭니다. 반면에 우리나라의 경우는 대부분의 조각물들이 그러하듯이 악의 없는 표정들입니다. 악귀를 쫓는 쪽에 의미를 두기보다는 절을 찾는 구도자들에게 힘과 용기를 주려고 했던 게 아니었을까요.

조형미로 볼 때 백미는 역시 석굴암의 금강역사상일 겁니다.

우리나라에 전하는 금강역사상 가운데 가장 오래 된 것은 634년에 조성된 분황사석탑의 조각입니다. 그것으로 보아 아마 삼국시대부터 금강역사상에 대한 활발한 조성이 있지 않았는가 여겨집니다. 전탑 입구를 지키는 형상이 있고(안동 조탑동 전탑 인왕상), 작은 사리함에 금강역사가 부조형태로 새겨진 것도 있습니다.

사
천
왕

일주문을 지나 제일 먼저 만나게 되는 분들이 바로 사천왕입니다. 절마다 금강문이 없는 곳은 허다해도 사천왕문은 반드시 자리하고 있지요. 문 사이로 두 분씩 두 눈을 부릅뜨고 당장이라도 달려들 듯 겁을 주며 그렇게 마주 서 있지 않습니까. 그러다 보니 불교를 모르는 이들은 절 초입에서부터 무섭다고들 합니다.

왜 자비의 종교인 불교에서 절 입구에 무섭게 생긴 사천왕상을 떠억 배치해 놓은 것일까요?

사천왕은 불교를 수호하는 네 분의 장수들입니다. 그것도 불국정토의 외곽을 수호하는 네 분이십니다. 본래는 인도 전통 종교에서 신앙되던 신들의 왕이었다죠. 그러나 부처님께 귀의해 부처님과 불법을 지키는 수호신이 되었습니다.

보림사 사천왕상

커다란 사천왕상의 모습을 한번 꼼꼼하게 살펴보십시오. 몸 빛깔이 저마다 다름을 알 수 있습니다. 그것은 중국에 기반을 둔 오행설에 따라 만들어졌기 때문입니다. 네 분 모두 사악한 악귀를 밟고 있습니다. 그런데 우리나라 사천왕 발밑에 깔린 악귀들은 하나같이 웃는 얼굴들이란 것, 알고 계십니까.

항복을 함으로써 참된 진리를 만나게 되었다는 기쁨 때문일까요. 악귀 가운데 정말 시원스레 웃고 있는 악귀로는 석굴암 사천왕상 발 아래의 악귀가 으뜸일 겁니다. 입을 헤 벌리고 웃는 상이지요.

사천왕상을 한 분씩 소개하면 다음과 같습니다.

지국천왕

동방을 지키는 분입니다. 수미산 동쪽 중턱의 황금타에 있는 천궁에 계십니다. 선한 이에게는 복을, 악한 자에게는 벌을 주면서 언제나 인간을 고루 보살피고 국토를 수호한다는 서원을 세웠다고 합니다. 온몸에 푸른빛을 띠고 있으며 왼손에는 칼을, 오른손은 주먹을 쥐고 허리에 대고 있거나 보석을 손바닥 위에 올려놓고 있는 형상이기도 합니다.

광목천왕

수미산 중턱의 백은타에 살고 있습니다. 사천왕 가운데 저

홀로 입을 크게 벌리고 있는 분입니다. 웅변으로 온갖 삿된 이야기를 물리치기 때문이라고 합니다. 몸은 백색으로 장식돼 있지요. 이분의 서원은 죄인에게 벌을 내려서 아주 심한 고통을 겪게 하고 이를 통해서 신심을 일으키게 하는 것입니다. 오른손은 삼지창을 들고 있고 왼손에는 보탑을 받들고 있는데요, 이 보탑 속의 진귀한 보물을 중생들에게 나누어 줘 복덕을 얻게 하려는 분입니다.

증장천왕

수미산 중턱의 유리타에 살고 있습니다. 몸은 붉은 기운이 감돌고 노한 눈이 특징입니다. 오른손으로 용을 꽉 움켜쥐고 있구요, 왼손을 위로 들어서 여의주를 살짝 쥐고 있기도 합니다.

다문천왕

북쪽을 지키는 다문천왕은 비사문천이라고도 부릅니다. 언제나 부처님 도량을 지키면서 부처님의 설법을 듣는다고 해서 '다문(多聞)'이라고 합니다. 몸은 검정색 계통으로 왼손에는 비파를 잡고 오른손으로 비파줄을 퉁기는 듯한 모습입니다. 아마 부처님 가르침을 많이 듣고는 그 환희심을 두루 나누어 주려는 것인지도 모르겠습니다.

팔부신중

부처님께서는 팔부신중을 모아 놓고 설법을 하셨습니다. 사람만이 아니라 축생이든 하늘의 야차든 모두 불법을 들을 수 있어야 한다는 것이 부처님의 평등사상이었기 때문입니다.

《법화경》에 보면 이들 팔부신중 모두를 비롯해 부처님 법에 충실하면 누구라도 성불할 수 있다고 이르고 있습니다.

하늘세계

죽어서 태어나는 하늘세계를 생천(生天)이라고 합니다. 살아서 번뇌를 끊은 상태는 정천(淨天)이라고 하지요. 어떤 하늘이든지 중요한 것은 하나님의 선택에 의해 구원받고 안 받는 것이 아니라 바로 내가 어떻게 수행하고 어떻게 바르게 살았는가에 의해 찾아갈 수 있는 세계라는 점입니다.

용

〈용의 눈물〉이라는 드라마가 있었습니다. 여기서 용이란 왕을 상징합니다. 그래서 왕의 얼굴을 용안이라 하고 왕이 앉는 의자를 용상이라지 않습니까?

잉어가 폭포를 거슬러 올라 잘 뛰어오른 경우는 용이 되고 그렇지 못한 경우는 이무기가 된다던가요. 그래서 나온 말이 '등용문(登龍門)' 입니다. 출세했다는 의미지요.

저는 '용' 하면 제일 먼저 문무대왕이 떠오릅니다. "내 죽어서 왜놈들로부터 나라를 지키는 용이 되겠다"고 하셨던 이 나라 통일의 왕 말입니다. 동해바다에 뼛가루를 묻었으나 지금도 잠들지 않은 채 이 나라를 지켜 주고 계실 것으로 믿어 의심치 않습니다.

《삼국유사》에는 용에 관한 이야기가 많이 등장합니다. 궁궐을 지을 때 아홉 마리의 용이 나타나자 궁궐 짓기를 멈추고 지은 절이 황룡사라는 것부터 그렇지 않습니까.

불교의 사물 중 하나인 범종은 세계적으로도 아름다운 모습과 좋은 소리로 유명합니다. 그 범종의 제일 윗부분을 용뉴(龍鈕: 종걸이 부분)라고 부르는데요. 용뉴에 한 마리 힘찬 기상의 용이 등에 만파식적을 업고 있는 형상은 신라종만이 지니는 특성입니다. 사물 중의 하나인 법고의 둘레는 주로 용그림으로 단청을 합니다. 법당 안에 들어가 보면 대들보에 용이 여의주를 물고 있는 형상으로 법당을 지켜 주고 있는 모습을 쉽게 볼 수 있습니다.

부처님과 용에 얽힌 일화들도 많습니다. 부처님이 룸비니 동산에 나셨을 때 두 용왕이 하늘에서 청정수를 토해 태자를 씻겼다고 하지요. 깨달음을 이루셨을 때에는 용왕이 이레 동안 부처님을 감싸 보호했다고 하구요. 그런가 하면 부처님께서는 니련선하에 사는 맹룡의 눈을 뜨게 하고, 우루벨라 가섭에게 법을 설할 때 독룡을 항복시켰다는 일화도 있습니다.

많은 용의 종류 가운데 여덟 용은 불법을 옹호하는 선신으로 존경받고 있습니다. 큰 바다에 살면서 사람들이 원할 때 비를 내리고 항상 맑은 물이 흐르도록 주관하는가 하면 오곡이 풍작을 이루도록 관장하는 역할이 이 여덟 용의 역할이지요.

용왕이 사는 용궁, 이곳은 토끼의 간 이야기로 어릴 적 추억이 아련하게 배어 있는 장소입니다. 그러나 우리 불교에서는 언젠가 사람들이 불법을 믿게 되지 않을 때 세상의 경전을 모두 모아서 보관하고 수호하는 곳이 바로 용궁이라고 합니다. 여간 고마운 곳이 아닐 수 없습니다.

용왕에 얽힌 불교이야기로는 《법화경》에 8대 용왕이 부처님 설법을 들었다는 것 외에도 용녀이야기가 있습니다. 용왕의 딸이 어린 나이에 성불했다는 설법인데요. 성불에 남녀의 차이가 없으며 축생에 속하는 용왕의 딸에게도 불성이 있음을 보여주는 실례가 아닐 수 없습니다.

전문가들의 이야기 가운데는 인도의 뱀을 신격화하는 사상이 중국을 거치면서 용으로 바뀌었다는 학설이 있습니다. 인도의 탑에 남아 있는 용왕의 모습은 뱀 모양의 관을 쓰고 있을 뿐 우리에게 친근한 용의 모습은 발견할 수 없습니다. 반면에 고구려 고분벽화를 보면 우리의 용은 인도나 중국의 용사상이 들어오기 이전에 형성돼 있었음을 볼 수 있습니다.

의상스님을 사모하던 중국 여인 선묘는 유학을 마치고 신라로 돌아오는 의상스님의 뱃전을 지키는 용이 되겠다고 발원한 뒤 물 속으로 뛰어들었습니다. 용이 돼 끝까지 무사히 의상스님을 보필하고 온 선묘를 기리기 위해 선묘각까지 마련된 부석사에는 참으로 귀한 용 조각이 하나 있습니다. 배흘림기둥으로 유명한 무량수전 닫집에 모셔놓았던 용인데요. 지금은 새로 올려진 닫집에 자리를 내어주고 부석사 유물 전시관에 모셔져 있습니다. 아름드리나무를 네 토막 내 그것을 양각한 것으로 쑤욱 솟아난 용머리를 바라보다 보면 선묘의 절절한 연모의 정을 느끼게 됩니다.

야차

인도신화에는 북방 산악지대에 사는 구베라신의 권속으로

사람을 잡아먹는 아주 포악스런 신으로 나옵니다. 하지만 불교에 들어와서는 불법을 지키는 사람을 열심히 돕는다고 하죠. 대신 불법을 해치려하는 경우는 무섭게 달려든다고 합니다.

모습은 사자, 코끼리 등의 동물의 형상이거나 얼굴이 여러 면으로 되어 있으며 송곳니가 거친 입술 사이로 내려와 세상에 두려움을 주는 존재라고 경전에 기록돼 있기도 합니다.

우리나라에서는 양손을 가슴에 대고 새의 부리에 보관을 쓰고 있거나 머리 위에 불꽃을 이거나 물고기를 얹은 모습으로 나타나고 있습니다.

건달바

놀고먹는 사람, 빈둥빈둥 놀면서 게으름을 부리는 사람, 돈도 없는 난봉꾼, 이런 사람들을 국어사전에서는 '건달'이라고 기록하고 있습니다. 흔히 백수건달이라는 표현을 쓰지 않습니까. 허풍만 떠는 게으름뱅이를 건달이라고 한다지만 이 건달이란 말은 불교에서 온 말입니다. 바로 건달바에서 유래된 말이지요.

건달바는 수미산 남쪽 금강굴에 사는 신입니다. 오로지 향(香)만 먹고 산다지요. 허공을 날아다니는 신입니다. 그런가 하면 제석천의 음악을 담당하는 신입니다. 생각해 보십시오. 허공을 날면서 음악을 즐기고 향을 먹고 산다니 건달바가 건달이란 단어로 정착한 데에는 어떤 필연이 있게 느껴지지 않으십니까. 왠지 건달다운(?) 조건을 갖췄달까요.

《대지도론》에 보면 "인생은 건달바의 성과 같다"는 문구가 있습니다. 쉽게 풀이하자면 인생은 신기루와 같다는 의미입니다. 실체가 없는 무상한 것이라는 이야기지요.

꿈과 같고 허깨비 같고 물거품 같으며 그림자 같다는 것이 인생입니다. 그런 인생살이 속에 얽매어 살지 말라는 경계의 가르침으로 삼아야겠습니다.

건달바를 다른 의미로 해석하는 경우도 있습니다. 사람이 죽어서 다음 생을 받을 때까지 중간 몸의 단계를 건달바라고 부르기도 합니다. 이 중간 몸일 땐 향내음만 맡는답니다. 망자를 향해 향을 사르는 것도 그런 이유일 겁니다.

한편으로 인도신화에서는 건달바가 별자리를 주관하던 신이라고 합니다. 모습은 머리에 사자관을 쓰고 있습니다.

아수라

치고받고 싸움판이 벌어지면 '아수라장' 같다고 이야기합니다. 아수라들이 모인 것 같다는 이야기입니다. 과연 아수라는 어떻길래 난장판 같을 때 아수라장 같다는 얘기를 하는 것일까요?

고대 인도에서 아수라는 투쟁의 신이었습니다. 더구나 제석천에 도전하는 못된 신이었지요. 그러나 불교에 수용되면서 아수라는 불교를 수호하는 호법신이 되었습니다. 우리 현실 속에서는 여전히 '투쟁을 일삼는 존재'로 상징되고 있는 것도 이채롭지 않습니까.

아수라의 형상은 다른 팔부신중과는 달리 무수한 팔이 달려 있습니다.

우리 불교에서는 윤회의 세계로 6도윤회를 이야기합니다. 지옥계·아귀계·축생계·아수라계·인간계·천상계를 말하는데 이 가운데 아수라계는 시기심이 강하고 싸움을 일삼는 투쟁적인 사람이 죽은 뒤에 태어나는 세계라고 합니다. 싸움이 쉬는 날이 없고 참된 법을 멀리하는 세계라고 하니 아예 이곳엔 태어나지 않도록 정진해야 할 것 같습니다.

가루라

용을 잡아먹는 새 중에는 왕이라고 합니다. 인도 설화에 나오는 나쁜 새, 금시조가 팔부신중의 하나가 된 것입니다. 이 새가 한 번 날면 3백36만 리를 난다지요. 모습은 봉황처럼 아름답다는데요. 불교에서 말하는 가루라의 형상은 '머리에 화관을 쓰고 입은 독수리의 부리와 유사하며 왼손에 용을 잡고 결가부좌'한 형상이랍니다. 조각으로 표현된 가루라의 경우는 뱀 모양의 관을 쓰고 뱀 꼬리를 잡고 있는 모습으로 표현됩니다.

불교에 수용되면서는 용, 아수라 등과 함께 설법에 참여하는 성중으로 등장합니다.

긴나라

인도신화에 긴나라는 설산에 사는 음악신으로 등장합니다. 미묘한 음성으로 노래하고 춤추고, 여러 보살과 중생들을 감동시키기도 하는데 그 때문인지 불교에 수용돼서는 제석천이나 비사문천의 악사로서 건달바와 함께 가무음악을 연주하는 역할을 맡고 있습니다. 중생들에게 즐거움을 준다 해서 자재유희보살이라고도 합니다.

얼굴은 말(馬)의 형태를 하고 몸은 사람 몸을 하고 있답니다. 때로는 눈이 세 개에 뿔이 하나 있는 형상이라고도 합니다. 우리의 석탑에는 주로 머리가 소와 새의 형상으로 새겨져 있습니다. 대표적인 곳이 숭복사지, 선림원지의 3층석탑입니다.

마후라가

뱀신입니다. 뱀이 많은 나라 인도에서는 뱀을 신성시합니다.

마후라가왕 역시 음악신입니다. 몸은 사람의 형태지만 머리는 뱀의 형상입니다. 주로 배로 기어다닌다고 하는데 엎드려 기어다닌다는 것은 거만함을 버리고 겸손해하는 모습의 상징인 듯합니다. 조각일 경우에 한 손에 뱀을 잡고 머리에 뱀이 있는 관을 쓰고 있기도 합니다.

아귀

이 음식이 어디서 왔는고, 내 덕행으로는 받기가 어렵네.
마음에 온갖 욕심을 버리고 몸을 치료하는 약으로 삼아
깨달음을 이루려고 내 이 공양을 받습니다.

발우공양을 할 때 외는 오관게(五觀偈)입니다.
발우공양을 해보셨습니까? 먹을 만큼 덜어먹고 남김없이
먹는 공양이라 음식물 찌꺼기로 인한 환경오염을 줄일 수 있어
우리에게는 더없이 소중한 공양이 아닐 수 없습니다.
발우공양을 마칠 때 천수물을 따르게 되지요. 깨끗하게 닦
은 그릇을 헹군 물 말입니다. 여러 사람이 버린 그 물에 행여
밥티라도 끼어 있거나 고춧가루 한 점이라도 있는 날엔 물당번

국청사 감로탱 아귀

을 맡은 스님이 다 마셔야 한다고들 합니다.

왜 그런지 아십니까? 아귀 때문입니다. 아귀란 놈은 수챗
구멍으로 흐르는 구정물을 먹고 산답니다. 그런데 이 아귀는
몸이 집채만 한 데에 반해 목이 바늘구멍처럼 가늘어서 찌꺼기
가 있으면 목에 불이 난다는 겁니다.

국어사전을 보면 아귀란 '굶주린 귀신'이라고 정의하고 있
습니다. 그 모습이 굶주림과 목마름 때문에 양 눈이 푸욱 꺼져
있고, 머리칼은 길게 자라 산발한 채로 다닌다고 합니다. 계율
을 어겨 아귀도에 떨어진 귀신으로 목구멍이 바늘구멍이라 음
식을 먹을 수도 없어 몸이 앙상하게 마르고 굶주린다고 해석해
놓기도 했습니다.

그런가 하면 염치없이 먹을 것만 밝히는 사람도 아귀라고
하더군요. 그래서인지 먹는 걸 무지막지하게 밝히는 증상이나
음식을 삼키기 어려워서 몸이 바싹바싹 마르는 증상을 일컬어
서 민간에서는 아귀병이라고 부르기도 합니다.

또한 아귀들은 만나기만 하면 싸우는 게 일이라지요. 그래
서 만나기만 하면 싸우는 사람들을 아귀다툼한다고 하는가 봅
니다. 왜, 그런 일들이 비일비재하지 않습니까. 양보라곤 눈곱
만큼도 없는 사람들의 다툼 말입니다.

버스에 서로 먼저 올라타려고 밀고 당기고 소리 지르는 사
람들을 보면 '아귀다툼' 한다는 생각이 들지요. 국회에서 이전

투구(泥田鬪狗)하는 국회의원들의 아우성을 보면서도 우리는 '아귀다툼'을 떠올리며 씁쓸해하지 않습니까. 서로 밀고 당기며 싸우는 다툼의 현실, 그러고 보면 아귀다툼의 현장은 곳곳에 산재해 있는 듯합니다. 불교에서는 이런 분들이 죽어서 다시 태어날 때 아귀로 태어난다고 이야기합니다.

《정법염처경》이란 경전에 그렇게 기록하고 있습니다. 아귀품을 보면 탐하고 질투하는 마음으로 사람을 속이면서 재물을 탐하면 아귀가 된다고 했습니다. 평소에 질투심 많으신 분들, 탐심을 버리고 관용하는 마음을 새롭게 다져야 할 것 같습니다.

나
찰

히말라야의 눈덮인 산속에서 오랜 세월 수행하던 동자가 있었습니다. 그가 깊은 삼매에 들어 열심히 정진하고 있을 때에 제석천이 범천과 함께 나찰로 변모해서 이 수행자가 과연 부처님이 될 수 있는지를 시험해 봅니다.

나찰로 변한 제석천은 설산동자 곁에서 과거 부처님의 게송을 한 구절 읊었습니다.

모든 것이 변해 항상하는 것이 없으니
이를 이름하여 나고 죽는 법이라 하네.
諸行無常 是生滅法

동자는 이 시구를 듣고 환희심에 흠뻑 젖어 사방을 둘러봅니다. 그러나 험상궂게 생긴 나찰만이 그 앞에 서 있을 뿐입니다. 설마 나찰이 거룩한 말씀을 들려줄 수 있을까 하는 생각을 잠시 해보기도 했지만 혹시 나찰이 과거세상의 부처님을 뵈었을지도 모른다는 생각에 설산동자는 나찰에게 묻습니다.

"당신은 어떻게 그토록 거룩한 게송을 알고 계십니까? 그 게송은 실로 삼세의 부처님께서 가르치는 도리라고 생각됩니다. 남은 반쪽의 게송도 들려주실 수는 없을까요?"

그때 나찰이 말하지요.

"난 지금 몹시 배가 고프다. 말할 기운조차 없다. 자비심이 있다면 내게 먹을 것을 달라. 난 오직 산 사람의 살덩이와 뜨거운 피만 먹고 산다."

그러자 설산동자가 제의합니다.

"내가 더 산다 해도 진리를 얻지 못한다면 소용없는 일이 아니겠습니까? 당신이 마지막 구절까지 들려준다면 내 이 몸을 보시하겠습니다. 누구나 질그릇을 주고 칠보그릇을 얻기를 원합니다. 그러나 난 보잘 것 없는 내 이 몸을 주고 금강석 같은 몸을 얻길 원하기 때문입니다."

그의 간청에 나찰은 마지막 구절을 들려주지요.

나고 죽는 것에 대한 생각을 소멸시킨 세상은

쓸데없는 번뇌가 사라진 대열반의 기쁨이라네.

生滅滅已 寂滅爲樂

마지막 게송까지 남김없이 들은 설산동자는 환희심 속에 잠깁니다. 수없이 그 게송을 되뇌인 뒤 그는 높다란 나뭇가지 위에 올라 나찰에게 몸을 던졌습니다.

이때 설산동자는 이런 말을 합니다.

"탐욕을 따르고 인색하기만 한 사람들, 적은 것을 보시하고 뽐내는 사람들은 모두 와 내가 게송 한 구절을 위해 생명 버리기를 초개처럼 하는 것을 보시라."

그러자 그의 몸이 떨어지기 직전에 나찰로 변한 제석천이 설산동자를 받아 땅에 내려놓았구요. 주위의 모든 천신들이 설산동자의 지극한 구도정신에 감동해 예배올렸다고 합니다.

이 이야기는 부처님의 전생담입니다.

한 구절의 진리를 얻기 위해 제 목숨마저 바쳤던 설산동자의 구도행은 우리에게 많은 의미를 시사합니다. 과연 진리와 생명을 맞바꾸는 일이 얼마나 가능한 일이겠습니까? 문득 이차돈 성사가 떠오릅니다. 부처님의 진리를 신라 땅에 널리 펴기 위해 흰젖 같은 피를 흘리며 초개처럼 목숨을 버리지 않았습니까?

과연 우리는 참된 법을 듣기 위해 얼마나 땀 흘리고 있는 걸까요. 어린 설산동자의 구도열 앞에서 우리는 가슴 가득 진리를 성취하고 불국정토를 건설하기 위해 굳건한 신념으로 살아가야겠다는 다짐을 하게 됩니다.

이 전생담에서 또 하나 우리가 간과해서는 안 될 구절이 있습니다. 나찰이 설마 과거 부처님의 게송을 읊겠느냐고 여기다가 스스로 형상에 집착했음을 참회하고 나찰에게 스승의 예를 갖춰 진리를 묻는 대목이 그것입니다.

설사 나찰이라고 하더라도 그의 이야기가 참된 진리라면 그 길을 따를 수 있는 용기 말입니다. 외모만으로 사람을 평가하고 신뢰의 여부를 판가름하는 오늘의 우리들에게 어린 설산동자의 일화는 참으로 소중합니다.

나찰은 모든 악귀를 상징하는 이름입니다. 그 숫자는 매우 많습니다. 본래 인도신화 속에 등장하는 귀신이라고 합니다. 날아다니면서 주로 사람을 잡아먹는다 하죠. 흉포하기로도 으뜸이지요.

해인사에 벽화로 그려진 나찰의 모습을 보면 날카로운 이빨 하며 퍽도 사납게 생겼습니다. 그런 나찰이지만 불교와 접합하면서는 호법신이 됩니다.

《법화경》 제26 다라니품의 기재에 따르면 부처님께서 《법화경》을 설하시는 도중에 매우 많은 나찰귀가 모입니다. 그들은 모두 한마음 한뜻으로 경을 가진 사람들을 옹호해 부처님의 찬사를 받지요.

열 명의 나찰녀들은 보현보살을 모시고 따른다고 합니다. 《불본행집경》에는 나찰국에 관한 이야기가 실려 있습니다. 상인 5백여 명이 풍랑을 만나서 다다른 곳이 나찰녀들이 사는 나찰국이었답니다. 곳곳에 널려 있는 시신들을 보고 그곳을 탈출했다는 내용이지요.

명부시왕

신라시대 때 선율스님이 계셨습니다. 스님은 시주를 받아서 《대품반야경》을 비단에 옮겨 쓰는 사경불사를 하고 계셨습니다. 그러나 회향하기 전에 저승사자에게 붙들려 입적하고 말았습니다.

명부에 불려가니 명부시왕이 살아생전의 공덕을 물어 보는 것이었습니다. 스님은 사경을 하다가 마치지 못하고 왔노라 했습니다. 그랬더니 명부의 왕이 다시 세상으로 돌아가라고 하더랍니다.

"그대의 수명은 다 됐으나 훌륭한 서원을 세워 놓고 다 마치지 못했으니 다시 환생하여 그 불사를 마치고 오너라."

그래서 선율스님은 다시 환생해 경전조성에 힘썼다고 합니다. 《삼국유사》에 전하는 이야기입니다. 사경의 공덕이 얼마나 컸으면 명부의 왕들이 경탄하며 수명이 다한 스님마저 환생시켰겠습니까. 그런 점에서 경전을 옮겨 쓰는 정성스러움은 인쇄 문화가 발달한 오늘의 시대에도 참으로 소중한 것임을 느끼게 됩니다.

이 이야기를 보면 죽은 이의 원력을 전해 듣고 다시 돌려보낸 시왕님들의 불심도 보통은 아닌 듯합니다. 시왕이란 사람이 죽은 뒤에 그 사람이 살아생전에 지은 죄의 크고 작음을 가리는 열 분의 대왕을 말합니다. 죄에 따라 벌을 주는 분들이지요. 이분들에 관해서는 《예수시왕생칠경》에 자세히 설명되고 있습니다.

사람이 죽어 저승에 가면 모두 열 차례에 걸쳐서 죄를 심판한다고 합니다. 그래서 초칠일부터 칠칠일인 사십구일까지 일곱 번, 그리고 백일, 소상(小祥), 대상(大祥)까지 열 번의 재를 지내는 것인데요. 돌아가신 분이 모든 업을 소멸하시고 좋은 세상에 나시길 비는 후손들의 정성스런 효심이라고 보면 될 것 같습니다.

시왕의 모습 가운데에는 두루마리를 든 이가 있는가 하면 붓을 든 이도 있습니다. 이때 두루마리의 무게에 따라서 벌을 받는다고 하던가요.

우리에게 익숙한 이름은 역시 염라대왕일 겁니다. 염라대왕은 세간의 걸어온 발자취를 기록하는 것을 주 임무로 하여

보고를 받아 잘잘못을 관리하는 지옥의 주재자입니다.

이분들은 죽은 이의 출생 해에 따라서 나누어 맡는다고 하지요. 열 분이서 육십갑자의 여섯갑자씩만 도맡는다는 것입니다. 그러니까 죽어서 그 앞에 당도한 이에겐 누구를 선택할 권리가 없다는 이야깁니다. 그만큼 옛 분들은 확고한 내세관을 지니고 있었던 것 같습니다. 이생의 잘못은 죽어서 심판받고, 그 심판의 결과에 의해 다시 태어난다는 믿음 말입니다.

경전에 보면 이런 이야기가 전합니다. 한 제자가 부처님께 전생의 일을 알고 싶다고 여쭙니다. 부처님께서는 이렇게 들려주십니다.

"과거의 자신을 보고 싶다면 현재 내가 행동하는 일을 보면 알 수 있다. 미래의 자신이 궁금하다면 지금 내가 무슨 생각을 하며 살고 있는가를 잘 살펴보아라."

과거를 알려면 지금의 자신을 살피고 미래를 알려면 또한 지금의 자신을 살피라는 말씀입니다.

도복을 입은 열 명의 대왕 중에서 염라대왕을 구별하기는 아주 쉽습니다. 머리에 장부를 이고 있는 이가 바로 염라대왕이지요.

본래 명부전은 지장보살이 주관하고 있습니다. 지장보살 옆에서 도명존자와 무독귀왕이 양쪽에 자리하고 주위에는 시왕들이 도래해 있게 마련입니다. 그런가 하면 시왕님들 앞에는

불갑사 시왕상

또 시왕을 보필하는 동자상이 각각 모셔져 있습니다. 이 명부전에서 모든 중생들은 참회를 통해 지옥에서 벗어나는 길을 열게 되는 것입니다.

절마다 시왕상의 모습은 걸작들이 많습니다. 부릅뜬 눈, 과장된 동작들이 죄를 다스리는 대왕들답지요.

시왕탱화는 열 분의 시왕이 앉아 있는 뒤편에 걸려 있습니다. 시왕탱화는 그 내용이 상단과 하단으로 나뉘게 되죠. 상단에는 대왕을 비롯해서 시녀, 신장들이 둘러서 있습니다. 그 아래 하단에는 업보에 따라 벌을 받는 모습이 그려져 있지요. 죄에 따라서 기름 끓는 가마솥에 빠지는 이가 있는가 하면 무슨구업을 지었는지 혀를 끄집어 뽑기도 하고 차마 끔찍할 만큼

들여다보기 민망한 장면들도 많습니다.

전문가들의 지적에 의하면 우리나라 시왕탱화에 드러난 지옥의 모습은 그래도 표정이 밝은 편이라고 합니다. 중국이나 일본의 경우는 벌을 주는 자나 받는 이가 서로 인상쓰는 모습인 데에 반해 우리의 경우는 그다지 고통스러워하지도 않으며 죄를 주는 이들 역시 기분 나쁘지 않은 표정이라는 것입니다. 죄값을 치르면서 죄를 덜어낸다는 마음가짐 때문일까요? 그만큼 민족의 성품이 배어 있다는 이야기일는지도 모르겠습니다.

유명한 명부전으로 안성 청룡사와 고창의 선운사 명부전, 강화 전등사의 명부전이 있습니다. 열 분의 시왕을 소개하면 다음과 같습니다.

진광왕

지옥길에서 죽은 이의 처음 7일을 관장하는 분입니다. 중생에게 선을 닦게 하는 분으로 죄인에게 칼날이 선 다리를 건너게 하는 분입니다. 도산지옥을 담당하고 있지요.

초강왕

큰 바다 밑 정남쪽 옥리석 아래 화탕지옥에 사는 분입니다. 죄인을 끓는 물에 담는 일을 주관합니다.

송제왕

큰 바다 밑 동남쪽 옥리석 아래 흑구대지옥을 맡고 있습니다. 죄인을 얼음 속에 묻는 작업을 합니다.

오관왕

지옥에서 다섯 가지 형벌을 주는 분입니다. 죽은 지 47일이 지나서 지옥에 가면 죄의 경중을 저울질해서 판단하는 왕으로 죄인의 몸을 칼로 벤다고 하지요.

염라대왕, 염마왕

지옥의 주신이며 지배자로 발설지옥에서 죄인의 혀를 집게로 뽑아버립니다.

부처님과 보살 재미있는 이름이야기

변성왕

죄인의 몸을 독사로 감는 독사지옥의 왕입니다.

태산왕

죄인이 다시 태어날 곳을 정해 주는 지옥의 왕입니다.

평등왕

죽은 이의 죄와 복을 공평하게 판단하는 왕입니다. 죄인을
뜨거운 쇠판에 올려놓는 벌을 줍니다.

도시왕

죽은 이의 1주기를 맡는 대왕입니다. 죄인을 바람길에 앉
힌다고 합니다.

오도전륜왕

다른 아홉 명의 대왕들은 모두 붓을 들거나 두루마리를 갖
고 있는 형상인 데에 비해 전륜왕은 홀로 투구와 갑옷을 입은
장군의 형상입니다. 죽은 이의 3년을 맡은 왕으로 죄인을 암흑
속에 가두는 역할을 합니다.

칠성

태몽이란 거, 꿔보셨습니까? 산모만 꾸는 게 아니라 남편도 꾸고, 시댁 식구들이 꾸기도 하고, 가까운 친구가 태몽을 대신 꿔주기도 한다지요.

꿈에 별똥별이 품안에 들어온 뒤에 태기가 있어서 해산을 하려는 한 어머니가 있었습니다. 그 순간 오색구름들이 땅을 덮었다던가요. 밤나무 아래에서 아이를 낳았으니 그분이 바로 이 땅의 위대한 성자 원효스님이셨습니다.

서울대 후문 쪽에 낙성대가 있습니다. 별이 떨어진 자리라는 의미지요. 고려 때 그 자리에 큰 별이 떨어졌습니다. 알고 보니 그집 며느리가 아이를 낳았다죠. 그가 거란의 20만 대군을 물리쳤던 강감찬 장군입니다. 송나라 사신이 강감찬 장군을

법주사 칠성도

보고 이렇게 얘기했습니다.

"문곡성이란 별자리가 보이지 않은 지가 오래 됐더니 지금 여기 계시는구나."

큰 별을 알아보는 송나라 사신의 눈썰미도 보통은 아닌 것 같습니다.

예부터 선조들은 하늘에 관심이 대단했습니다. 하늘에 대한 외경사상은 별자리의 과학적인 측정까지 발전하게 만들었구요. 그 대표적인 성과물이 바로 첨성대지요.

어떤 학자들에 의하면 첨성대는 경주 남산으로 떨어지는 북두칠성의 기운을 집중시키기 위한 장치이기도 했다는 주장입니다. 동서남북의 정방향에서 각도가 틀어져 있는 것이 북두칠성에 맞추기 위함이며 그것은 북두칠성에서 경주를 잡아당기는 중력의 힘을 맞춘 것이라는 해석인데요. 검증된 이야기는 아니지만, 선조들이 일찍부터 별자리, 특히 북두칠성에 대해 많은 관심을 지니고 많은 지혜를 쏟아부었던 것은 사실입니다.

민족의 영산인 백두산에는 칠성봉이 있습니다. 이에 얽힌 전설은 다음과 같습니다.

한 여신이 삼 년 석 달 만에 일곱 쌍둥이를 낳았습니다. 그들이 성장하자 어머니가 이야기 합니다.

"너희들의 아버지는 하늘의 신이며 나는 땅의 신이다. 너희들은 칠성님의 정기를 타고 났다."

일성이는 칼을 잘 썼고, 이성이는 번개를 잘 부렸으며, 삼성이는 채찍을 잘 휘둘렀고, 사성이는 해를 잘 다뤘습니다. 오성이는 농사를 잘 지었고, 육성이는 가축을 잘 길렀으며, 칠성이는 의술을 잘 쓸 줄 알았다지요. 이 일곱 명의 아들은 백두산을 괴롭히는 괴물들을 물리치며 백두산을 지켰던 것입니다. 백두산이 민족의 신령스런 산인 까닭도 이 같은 천제의 아들들이 지켜준다는 믿음에서 비롯된 것은 아닐까요?

새로 창건한 절에서는 찾기 힘들지만 전통사찰에 가보면 절 후미진 한켠에 자그마한 칠성각이 세워져 있기 마련입니다. 칠성님을 모셔놓은 곳이지요. 칠성님은 인도에서 혹은 중국을 거쳐오신 분이 아니라 불교가 들어오기 훨씬 이전부터 이 나라 사람들의 신앙대상이었습니다. 정갈하게 정화수를 떠놓고 장독 뒤에서 하염없는 기원을 올릴 때 찾던 분이 바로 칠성님이지요. 옥동자를 점지해 달라고, 끌려간 남편이 무사하길 빌고, 부모님의 무병장수를 기원하면서, 우리 곁에 함께 해온 분입니다.

칠성은 말 그대로 일곱 개의 별을 의미합니다. 북두칠성을 가리키지요. 일반적으로 칠성이라면 일주일을 생각하면 됩니다. 일, 월, 화, 수, 목, 금, 토의 핵심이 바로 칠성입니다.

죽은 사람을 관에 눕혔을 때 등이 닿는 부분을 칠성판이라고 부릅니다. 그만큼 칠성은 사람의 목숨을 관장하기도 합니다. 그래서일까요? 칠성각에서 올리는 기도는 오래오래 살게 해달라는 무병장수의 기원이 넘쳐나나 봅니다.

한때 절 안에 있는 칠성각은 없애야 한다는 목소리가 높았던 때가 있습니다. 정통 불교가 아니니 없애자는 논리였지만, 어디 불교가 흑백논리의 종교입니까? 물 그릇 모양대로 물이 담기듯 그렇게 현실에 맞게 모두 품어 안으면서 불교는 흘러왔습니다.

부처님의 십대 제자

십대제자란

부처님 생전의 수많은 제자 가운데 가장 뛰어나고, 특히
불교교단에서 중요한 역할을 담당했던 제자 열 분을 십대
제자라고 합니다. 어떤 기준으로 십대 제자가 선정됐는지 알 길은
없습니다. 따지고 보면 녹야원에서 맨 처음 부처님께 귀의한 다섯
분의 스님들부터 꼽힐 수도 있을 테구요. 부처님 가르침을 바르게
따랐던 제자분들이 어디 한두 분이셨겠습니까. 그러나 중요한
것은 이 열 분의 부처님 제자들은 '부처님 제자 중의
제자'였음에는 틀림없어 보입니다. 말하자면 부처님의 가르침을
가장 잘 실천한 모범적인 제자였다고나 할까요.

마하가섭

우리에게 한때 철수와 영자, 순이라는 이름이 흔했던 시절이 있었지요. 영자라는 이름은 70년대 말에는 영화 주인공으로 유명했구요, 80년대 중반에는 큰손의 대명사처럼 불리기도 했습니다.

아마 부처님 당시의 인도에도 '가섭'이란 이름이 그처럼 많았던 것 같습니다. 일반적으로 우루벨라 가섭, 나디 가섭, 가야 가섭 등의 가섭 삼형제와 구별하기 위해서 부처님의 십대 제자인 가섭은 마하가섭이라고 구분지어 부릅니다. '마하'란 크다(大), 많다(多), 뛰어나다(勝)의 의미를 지닌 범어입니다. 그 때문에 '대가섭'이라고도 부르지요. 훌륭한 가섭, 뛰어난 가섭 등으로 해석해 볼 수 있겠습니다. 범어 이름은 마하카샤

파(Mahākāśyapa)입니다.

출가 전 그는 인도 왕사성 부근의 마하바라촌에 살았습니다. 당시의 이름은 핍팔리. 그의 부모는 오랜 세월 자녀가 없자 나무신(木神)에게 기원해 그를 얻게 됩니다. 핍팔리는 나면서부터 행동 하나하나가 여느 아이들과는 달랐습니다. 성장하면서 독신을 고수한 것부터 그렇습니다. 나이 많은 부모는 집안의 대가 끊어질 것을 염려해 결혼을 권했지만 그는 막무가내였지요.

그러나 효심이 깊었던 그는 부모의 간청을 쉽게 물리지 못했습니다. 고심 끝에 아름다운 금빛 여인상을 만들어 보이며 이와 똑같이 생긴 여인이 있으면 결혼하겠다는 조건을 내세웠습니다. 조각품과 똑같이 생긴 여인이 세상 어디에 있겠습니까.

그러나 지성이면 감천이라고 그의 부모는 그 조각과 똑같이 생긴 여인을 마침내 찾아옵니다. 그런 부모의 노력 끝에 결혼식을 올리긴 했지만 핍팔리 부부는 마치《삼국유사》속에 등장하는 광덕과 광덕의 처마냥 서로 순결한 채로 12년을 살았습니다. 가정생활이 고스란히 수행생활이었던 것이죠.

양친이 세상을 뜨자 두 사람은 서로의 머리카락을 자른 채 발우 하나만 들고 만류하는 이웃의 손을 뿌리치며 출가의 길을 떠납니다. 네 거리에 이르자 두 사람은 각각 오른쪽 왼쪽으로 헤어졌다고 하지요. 사사로운 정이 수행에 방해될 것을 이미

간다라 다비 불전도 속의 가섭

예견했던가 봅니다. 핍팔리는 부처님의 가르침을 접하곤 부처님의 제자가 되었습니다. 가섭이란 법명의 스님으로 새롭게 태어난 것이죠. 그의 아내 역시 비구니교단의 구족계를 받았습니다. 그녀 역시 불제자로서 최고의 경지인 아라한이 되었다고 전합니다.

어머니에게 열 명의 자식이 있다고 합시다. 어머니의 사랑은 그 열 명 모두에게 한결같기 마련입니다. 아마 그와 같은 사랑은 부처님도 마찬가지였을 겁니다. 부처님에게 열 명의 제자들은 더도 덜도 아니게 똑같이 아끼고 사랑하는 제자들이었을 테지요.

그러나 후대에 이르러서는 적어도 '조금 더 생각한 제자'가 있었을 것이라는 가정과 추측에서 순위가 정해집니다. 그런 점에서 마하가섭 존자는 영순위에 속할 정도로 부처님의 두터운 신임을 얻었습니다. 그러나 무엇보다 분명한 것은 부처님의 제자 사랑에 관한 한두 가지 일화로 우열을 정할 수는 없다는 사실입니다.

마하가섭 존자에게는 부처님의 사랑에 얽힌 세 가지 일화가 전합니다. 부처님의 법을 이었다고 볼 수 있는 이 일화를 두고 흔히 '삼처전심(三處傳心)'이라고 하지요.

그 첫째가 자리의 나눔(多子塔前分半座)입니다.

오늘날 우리 사회에도 만연한 일이긴 하지만 왜 허름한 옷차림을 하면 관공서 입구에서부터 몇 차례씩 검문받기 일쑤잖습니까? 고급스런 옷을 걸치면 경비실을 통과할 때 경비의 인사각도가 달라지는 풍토 말입니다. 걸친 옷으로 평가되는 세상이 아니라 그것을 걸친 사람의 내면을 꿰뚫어 볼 줄 아는 눈이 참으로 아쉽기만 합니다.

부처님께서 설법하실 때 주위의 수행자들이 먼지투성이의 누더기 옷을 걸친 가섭 존자를 가리키며 비웃은 일이 있었습니다. 이를 아신 부처님께서 설법 도중에 가섭 존자를 부릅니다. 그러고는 "나는 그대의 스승이고 그대는 나의 제자이니 여기 함께 앉자"며 자리의 절반을 내주십니다.

부처님과 나란히 설법의 자리에 앉은 마하가섭 존자, 어떻습니까. 누더기 옷차림과 같은 겉모습으로 인물을 평가해서는 안 된다는 점과 가섭 존자가 부처님과 같은 경지에 이른 성자임을 부처님께서 보여주신 일화입니다.

두번째 사랑이야기는 널리 알려진 이심전심 일화입니다. 부처님께서 영축산에서 설법을 하시다가 문득 하늘에서 내리는 꽃 한 송이를 집어 대중들에게 보이시지요. 모두 영문을 몰라 할 때 가섭 존자만이 빙그레 미소를 지었다는 염화시중(拈華示衆)의 미소가 그것입니다.

그 순간 부처님께서 이렇게 말씀하셨습니다.

"내게 바른 법을 깊이 간직해 둔 바 있으니 이는 곧 열반 묘심이라. 이 미묘한 법문은 문자를 세울 바가 아니요, 교의 테두리 밖에서 따로 전할 바이니 이를 특히 마하가섭 존자에게 부촉하노라."

마지막 일화는 부처님 열반 당시의 이야기입니다.

가섭 존자는 다른 지역에서 포교하던 중에 부처님의 열반 소식을 접합니다. 뒤늦게 제자 5백 명을 이끌고 부처님의 유해 곁으로 달려와 비통해하지요. 그때 부처님께서 관 밖으로 다리를 내보이신 것이 그것입니다. 입멸의 순간까지도 가섭에게 법을 부촉하신 부처님의 사랑은 많은 이들의 부러움을 사고도 남음직하지 않습니까. 이 일화를 '관 밖으로 다리를 보임(槨示雙趺)'이라고 합니다.

선종에서는 이 같은 삼처전심을 깨달음을 얻는 출발점으로 삼기도 했습니다.

무엇보다 마하가섭 존자는 불법의 수호와 전수를 위임받은 제자라는 점에서 불교교단사상 아주 중요한 임무를 수행했던 것입니다.

가섭은 한평생을 누더기로 살았습니다. 어느 날 부처님이 탁발을 마치고 돌아가는 길에 잠시 나무 아래에서 쉬셨습니다. 이때 가섭 존자는 자신이 입고 있던 가사를 접어 부처님 앉을 자리를 마련해 드립니다. 부처님께서 가사를 어루만져 보시곤

천이 부드럽다고 하시자 그는 부처님보다 좋은 옷을 걸치고 있음을 몹시 부끄럽게 여겼습니다. 그 자리에서 마하가섭 존자는 자신의 가사를 부처님께 바치고, 부처님의 낡아빠진 누더기 가사를 바꿔 입었습니다. 그 뒤로 마하가섭 존자는 누더기 하나로 한평생을 살았습니다.

중국불교 이후로 선종에서는 '가사와 발우'인 의발을 부처님 법을 전수받는 상징물로 활용합니다. 후일 부처님 열반 뒤에 마하가섭 존자가 교단을 이끌어 통솔한 것을 보면 말 그대로 부처님의 '의발을 물려받은 제자'가 된 셈입니다.

일설에 의하면 부처님께서 가섭 존자의 깨끗한 가사를 걸치신 뒤로 교단의 수행자들도 분소의(糞掃衣: 더러운 누더기 조각을 꿰맞춰 만든 가사) 대신 깨끗한 옷을 착용하게 됐다고 합니다.

누더기로 한평생을 난 마하가섭 존자. 그를 가리켜 두타(頭陀)제일이라고 합니다. 두타행이란 욕심이 적고 의식주 세 가지의 최소한의 것에 만족하며 항상 엄격한 규율을 실천하는 것을 가리킵니다. 더러 행법(行法)제일로 불리기도 합니다. 특히 마하가섭 존자는 더러운 누더기 조각의 가사를 걸치고, 차별없이 집집마다 탁발해서 하루 한 끼의 식사를 일정하게 하며 삼림이나 나무 아래 혹은 묘지 등에만 머무르고 항상 앉을 뿐 결코 눕지 않는 등의 고행을 잘 견디며 전도했다고 전합니다.

이를 두고 어느 불교학자는 욕망을 버리고 금욕한 성자로서, 검소하게 살아간 성자로서 마하가섭 존자와 마하트마 간디는 일치하는 점이 많다는 흥미로운 지적을 한 바 있습니다. 인도다운 전통이 그렇게 이어져 흘렀을지 모를 일입니다.

어느 때던가 부처님께서 마하가섭에게 이런 질문을 던지십니다.

"벗이여, 이젠 그대도 나이가 들었거늘 언제까지 괴로운 두타행을 할 것인가? 그대는 어떤 의미에서 두타행을 하고 있는가?"

그때 마하가섭 존자는 주저없이 대답합니다.

"부처님이시여, 저는 첫째 이 같은 생활방식이 즐겁습니다. 둘째 저의 이 행동은 훗날 사람들에게 가르쳐 주는 바가 있을 것입니다."

이때 여러분이 부처님이라면 어떻게 이야기했을까요?

거룩하신 부처님께서는 당신이 아끼시는 제자 마하가섭 존자의 대답을 들으시곤 고개를 끄덕이셨습니다. 그러곤 다음과 같은 긍정의 말씀을 주셨습니다.

"아, 그렇군. 벗이여, 그대의 생각대로 사는 게 좋겠군."

부처님께서는 왜 두타행을 하느냐고 물으셨던 것일까요?

아마도 고행하는 제자에 대한 염려와 함께 중도의 정신을 잃지 말라는 당부로써 되물으셨던 것 같습니다. 부처님의 자상한 질문에 남들이 고행처럼 여기는 두타행이 즐겁다고 단언하는 가섭의 당당한 대답은 참으로 부럽도록 멋지기만 합니다.

《법화경》 제5 약초유품을 보면 부처님께서 마하가섭과 사리불, 가전연, 목건련 존자 등의 네 제자들 앞에서 마하초의 비유를 들어 부처님의 가르침을 설하고 계십니다. 그리고 수기품에서 제일 먼저 마하가섭 존자에게 수기를 주십니다.

"나의 제자 마하가섭은 미래세에 바로 3백만 억의 모든 부처님께 봉사하고 공양 존경 존중 찬탄하고 최후신에서 부처가 될 것이다……."

가장 먼저 수기를 받을 수 있었던 이유는 그의 근기가 가장 무르익었기 때문일까요, 아니면 그가 부처님과 가장 가까이에 있어서 부처님 눈에 먼저 띄었기 때문일까요…….

부처님께서 열반하신 후 마하가섭은 교단을 책임지고 관리했습니다. 부처님 열반 이후 교단을 이끌어 가는 최고의 지도자로서 존경을 받았던 것이지요. 부처님이 열반하신 그 해, 여름안거를 마친 뒤 마하가섭은 5백 분의 부처님 제자들을 모아 왕사성 칠엽굴에서 부처님 가르침을 경전으로 엮었습니다.

서둘러 부처님 가르침을 결집한 것은 순전히 발난타석자라는 스님 때문입니다. 모든 이들이 부처님의 열반을 애도하고 있을 때 발난타석자만이 빈정거리면서 "이젠 잔소리꾼이 사라졌으니 자유롭게 살 수 있게 됐다"며 기뻐했다고 하지요. 이를 본 마하가섭 존자가 부처님 법이 사라질 것을 우려해 결집을

부처님의 열반 후 그의 가르침을 보존하고
널리 전파하기 위해 부처님의 5백 제자가
대결집을 실시한 칠엽굴

서두르게 되었다는 것인데요. 이 결집은 오늘날 '경전성립'의 중요한 계기가 된다는 점에서 역사적으로 값진 일이 아닐 수 없습니다.

교단의 기강확립과 남기신 가르침을 보존하고 널리 전하기 위해서 아난 존자가 경을 외고 우바리 존자가 율을 결집한 대불사를 '대결집' 혹은 '제1 결집'이라고 합니다. 5백 분의 스님이 모였다고 해서 '5백 결집'이라고도 하고 최고의 상좌들만 모였다고 해서 '상좌 결집'이라고도 하지요.

한 번은 아난 존자가 마하가섭 존자에게 '부처님이 전하신 것이 무엇인가'를 물었습니다. 그러자 마하가섭 존자가 '어서 가서 깃대를 내리라'고 했습니다. 그 시절 설법이 이루어지고 있는 현장에는 언제나 깃대를 세워서 설법 현장임을 알렸다고 합니다. 그러니 깃대를 내리라는 의미는 말로써 가능한 게 아니라는 뜻이겠지요.

선종에서는 이 때문에 마하가섭 존자를 선종의 제1조로 삼고 있습니다. 문자나 언설을 내세우지 않는 것의 정통 조상이라는 것이죠.

"법이라는 법의 본래법은 법도 없고 법이 아닌 것도 없음이니 어찌 한 법 가운데 법과 법 아닌 것이 있으랴."

이는 마하가섭 존자가 아난 존자에게 전한 전법게의 전문입니다.

아난

절에 가면 큰스님의 시봉을 드는 스님들이 계십니다. 주로 강원에서 공부하는 학승들이 시봉일을 도맡습니다. 큰스님의 수족이 돼 가르침을 곁에서 접하는 시간은 교리공부 이상으로 더없이 귀한 시간이 되고 있는데요. 큰스님에 대한 존경으로 오래도록 스님 곁에서 스님이 열반에 드실 때까지 충실한 시자노릇을 하시는 분들도 많습니다. 오늘날로 보자면 비서관과 매니저의 역할이 시봉드는 일이 아닌가 여겨집니다.

　부처님 십대 제자 중에 한 분인 아난 존자 역시 부처님에게 더없이 훌륭한 시자였다고 할 수 있겠습니다. 아난 존자는 마하가섭 존자를 따라서 부처님이 55세 되시던 해에 출가를 합니다. 그리곤 25년 세월을 모두 부처님 시봉드는 일로 바쳤습니다.

간다라 열반 불전도 속의 아난

쿠시나가라의 사라 나무 아래에 부처님께서 북쪽으로 머리를 두도록 자리를 깔았던 이도 아난 존자였고 말라족의 사람들에게 부처님의 열반을 알렸던 이도 바로 아난 존자였습니다.

부처님 열반 당시에 그는 성자의 지위에 이르지 못해 슬픔이 더 컸던 것으로 알려져 있습니다. 부처님의 열반 모습을 담은 그림 가운데 아난을 찾는 일은 쉽습니다. 스님과 불자들 사이에서 가장 슬프게 애달파하는 이, 그가 바로 아난 존자이기 때문입니다.

범어로 아난다(ananda), 혹은 아난이라고 부릅니다.

아난 존자가 시자가 되는 데에는 곡절이 있습니다. 부처님께서 비서 역할을 할 사람을 찾으셨습니다. 그때가 부처님이 55세 되던 때라고 전하는데요. 그 이전까지 부처님은 시자 없이 생활하셨던 겁니다. 장로들이 차례로 그 역할을 맡고 싶어 했지요. 그러나 나이가 너무 많았습니다. 누구에게 일을 맡길 것인가를 생각하던 부처님께서 마침내 아난 존자에게 시자일을 맡기십니다. 명예롭긴 하지만 아난은 그 '엄청난' 시봉들기를 주저하지 않을 수 없었습니다. 약하기도 했거니와 과연 제대로 해낼 수 있을까 하는 불안이 컸기 때문이지요. 고심하던 아난 존자는 부처님께 세 가지를 전제조건으로 제시합니다.

'첫째, 새것이고 헌것이고 부처님을 위해 만들어진 의복을 받지 않는다. 둘째, 부처님을 위한 식사대접을 받지 않는다. 셋째, 비공식적으로 부처님과 만나지 않겠다'등이 그것입니다.

설령 시봉을 들더라도 나머지 제자들과 다른 특별한 대우를 받지 않겠다고 하는 의지의 표현이었던 것입니다. 시자라는 특권을 남용하지 않겠다는 전제조건만 보더라도 아난 존자의 성품이 얼마나 강직했는가를 엿볼 수 있습니다.

그런데 전생담을 담은《수행본기경》에 아주 재미있는 사연이 전합니다. 연등 부처님께서 오신다는 소식에 부처님의 전생 모습인 선혜라는 젊은 행자가 연꽃을 공양올리면서 머리를 풀어 길을 만들었습니다. 이때 연등 부처님께서 선혜동자를 향해 이런 수기를 주시면서 찬탄하셨습니다.

"장하도다, 선혜동자여. 이 같은 공덕으로 그대는 백겁 후에 부처님이 되리니 명호는 석가모니요, 아버지 이름은 정반왕이며 어머니의 이름은 마야이니라. 아들의 이름은 라후라며, 시자의 이름은 아난이요……."

이미 아난 존자는 부처님의 시봉을 들도록 정해져 있었던 것 같습니다. 아난다라는 이름보다 중국식의 번역인 아난(阿難)이라는 이름이 우리에겐 익숙합니다. 아난다는 환희·경희·무염이라고도 번역합니다. 단정하고 청정하고 그래서 밝은 거울과 같은 존재였던 아난다였기에 많은 여성들이 아난다를 흠모합니다. 그 이유로 부처님께선 아난 존자에게 특별히 어깨를 가리는 법의를 입는 것을 허락하셨습니다. 그리곤 사람들의 마음과 눈에 환희를 일으킨다는 점에서 아난이라 불렀다는 이야기가 전합니다. 더러는 정반왕의 아우인 곡반왕이 아들을 낳자 정반왕이 크게 기뻐하며, '오늘이야 말로 환희의 날이다' 라며 이름을 아난으로 지었다고도 하죠.

그는 부처님 곁에서 결코 게으르거나 싫은 내색 한 번 없이 그림자처럼 충실하게 시중을 들었습니다. 그런 아난 존자에게 부처님께서도 "과거 부처님의 제자는 말씀을 들은 다음 비로소 알았으나 아난 존자는 내가 눈을 들면 이내 내 뜻을 알았다"는 칭찬을 아끼지 않았을 정도입니다. 눈만 마주쳐도 그 뜻을 읽어내는 스승과 시자 사이라니, 정말 부럽습니다.

한 번은 아난 존자가 등창을 심하게 앓았습니다. 부처님께서는 당대 최고의 의사인 지바카에게 치료를 부탁합니다. 의사 지바카는 너무 아픈 수술을 감행해야 하기 때문에 아난 존자가 설법에 열중해 있는 시간이 아니고는 수술이 곤란할 것 같다고 말했습니다. 이튿날 부처님의 설법을 듣고 있는 아난 존자의 등 뒤에서 종기를 째는 대수술이 이루어졌습니다.

수술이 끝난 뒤에 부처님께서 고통이 없었느냐고 물어오시자, 아난 존자는 이렇게 대답합니다.

"부처님이시여, 당신의 설법을 들을 때에는 온몸이 부서진다 해도 조금도 아픈 줄을 모릅니다."

아난 존자가 해낸 많은 업적 중에 손꼽히는 점이라면 경전 결집에 대한 공적과 여성(최초의 비구니 마하파자파티)의 출가를 도운 일일 겁니다.

그는 때를 알고 사물을 분명히 했으며 가르침을 언제나 다 외웠습니다. "나는 이와 같이 들었다(如是我聞)"로 시작돼 "사람과 하늘들이 절을 하고 기뻐하며 받들어 행하였다"로 마무리하는 경전. 여기서의 나란 아난 존자를 말합니다. 경전을 편집하는 대작불사 중에 대부분의 경문은 모두 아난다의 기억에서 구전된 것들입니다. 부처님 곁에 그림자처럼 함께 생활하면서 부처님의 가르침을 기억하고 있었기 때문에 다문(多聞)제일이라고 부르기도 합니다.

경전결집에 참여하기 전에 아난 존자의 참여 여부가 문제화된 일이 있었습니다. 결집에 참여하는 5백 분의 제자들은 모두 아라한의 경지에 이른 분들이었습니다. 그러나 아난 존자는 아직 아라한에는 도달하지 못한, 말하자면 자격미달인 셈이었지요. 아난 존자를 경전결집에 참여시키는가의 여부를 놓고 주저하던 마하가섭 존자는 고심 끝에 아난 존자만을 예외로 참석시키기로 합니다. '예외'라는 꼬리표를 달고 경전결집에 참여하는 아난 존자로서는 얼마나 많은 책임감을 느껴야 했겠습니까. 그 날 이후로 아난 존자는 정진을 쉼없이 합니다. 그 결과 결집 하루 전날 몰록 깨달음을 얻기에 이르지요. 그리고 다음

날 아침, 전에 없는 맑은 마음으로 '나는 이와 같이 들었다'로 시작되는 수많은 경전을 암송하기에 이릅니다.

경전에는 이 거룩한 대결집의 장면이 다음과 같이 그려지고 있습니다.

> 아난이 청을 받아 법좌에 올라 부처님 말씀을 암송했는데 막힘이 없었으며 참석한 5백 대중의 기억에 하나도 틀림이 없었다. 그때 5백 대중은 부처님이 다시 살아오신 것인지 다른 세계의 부처님이 오신 것인지 아난이 성불한 것은 아닌지 의심이 갈 정도로 부처님 설법 당시의 분위기까지 그대로 재현해 내는 것이었다.

아난 존자가 부처님의 가르침을 기억해 낼 때면 나이 많은 장로들이 그만 그 자리에 엎드려서 모두 울어 버렸다고 전합니다.

부처님을 스물다섯 해 동안 시봉든 그가 깨달음에 이르지 못한 점을 어떻게 보아야 할까요? 시자로서의 무수한 임무에 분주했기 때문이었는지도 모르겠습니다. 혹은 너무 많은 가르침을 접했기 때문은 아닐까요. 부처님을 아버님처럼 존경하고 있음이 경전 속에 잘 드러나기도 합니다. 부처님의 인격에 의존하다 보니 가르침의 본질을 자신의 것으로 체화하지 못했을 수도 있을 겁니다. 혹자는 "너무 잘생긴 탓"이었다고 평하기도 합니다.

그러나 중요한 것은 그런 문제가 아닙니다. '나는 이와 같이 들었다'라고 기억한 다문제일(多聞第一) 아난 존자로 인하여 오늘 우리 곁에 2천 5백 년 전 부처님 가르침이 '생생하게' 전한다는 것이 소중한 것이지요.

경전결집 당시 아난 존자의 이야기 가운데 "만약 교단이 바란다면 세세한 계율의 항목은 없애도 좋다"라고 한 대목은 아주 중요한 발언으로 전하고 있습니다. 항목의 문장에 얽매여 경직되게 운영하기보다 융통성 있는 자발적인 의지를 보여주는 대목이기 때문입니다.

아난 존자는 정반왕(부처님의 부친)의 아우인 감로반왕의 아들입니다. 부처님과는 사촌인 셈이지요. 그의 용모에 관해서는 "단정하고 얼굴은 둥근 달과 같았으며 눈은 청련화와 같고 그 몸은 광정하여 명경과 같았다"고 전합니다.

흔히 용모가 수려하면 성품이 그에 못 미친다든가, 성품이 뛰어나면 용모가 부족한 것이 인지상정이지 않습니까. 그렇지만 아난 존자는 용모가 수려한데다가 성품 또한 온화하며 한 치도 부족함이 없었다 합니다. 왠지 불평등한 것 같지 않습니까. 이런 아난 존자이다 보니 여러 번 여난(女難)을 겪어야 했답니다.

그 가운데 유명한 것이 마탕가의 일화입니다. 어느 여름날 아난 존자가 탁발을 하고 돌아오는 길에 목이 말랐습니다. 마침 우물 곁에서 한 아가씨가 물을 긷고 있었습니다. 그러나 그곳은 당시 인도에서 가장 천시받던 마탕가라는 종족이 살고 있던 지역이었습니다. 워낙 신분제가 강하던 당시로서는 천시받는 계급에게 물을 얻어마시는 일조차도 금기시되고 있었습니다.

아난 존자가 물 한 모금 얻어 마실 수 있겠느냐고 묻자 마탕가의 아가씨 푸라쿠리티는 깜짝 놀라며 천민이라 물을 줄 수 없다고 답합니다. 그때 아난은 "저는 부처님의 제자라서 신분을 구별하지 않습니다. 물 한 잔을 마시게 해 주십시오"라고 정중하게 부탁해 물을 얻어 마시게 됩니다.

아난의 자애로운 모습에 이끌린 그 처녀는 이내 그리움을 품게 되고 마침내 오늘날로 말하면 상사병에 걸려 몸져 눕게 되었습니다. 아난 존자가 멋지게 잘생긴 탓도 있겠지만 언제나 천대받던 계급으로서 난생 처음 낯모르는 이로부터 정중한 인사를 들었던 것이 가슴 설레이는 요인이었을 수도 있을 겁니다. 마탕가의 아가씨는 주술을 하는 어머니에게 부탁해 아난 존자를 곁으로 불러옵니다. 그러나 이내 부처님의 법력에 의해 아난은 안정을 찾게 됩니다.

그러나 이야기는 여기에서 그치지 않습니다. 그리움이 사무쳤기 때문일까요? 거리에서 탁발하는 부처님 제자 사이에서 아난 존자를 발견한 마탕가의 여인은 "이분이 제 남편입니다"를 외치며 따라다니기 시작했습니다. 이 이야기를 아난을 통해 전해 들으신 부처님께선 친히 여인을 부르셨습니다. 그 여인에게 부처님이 들려주신 가르침은 오늘 우리에게 많은 것을 일러 주고 있습니다.

"그대는 아난의 어디가 그렇게 맘에 들더냐?"

"부처님, 전 아난 존자의 눈 귀 코 입 목소리 그 모든 것을 다 사랑합니다."

"눈속엔 눈물이, 콧속엔 콧물이, 귓속엔 귀지가 그리고 몸에는 오줌과 똥 등 더러운 것이 가득 차 있다. 그런 것이 그렇게도 아름답더냐?"

계속해서 이어지는 부처님 가르침에 푸라쿠리티는 참회를 하고 진실한 부처님 제자가 돼 마침내 아라한이 되었다고 합니다.

천대받던 부족이 떠준 물을 정중히 받아 마신 아난 존자의 모습에서 우리는 또다시 인간평등의 가르침을 현실 속에 실현한 종교가 바로 불교임을 엿보게 됩니다. 아난을 사랑하던 천민출신의 그 여인이 아라한과를 얻은 사실만 보아도 그렇지 않습니까?

부처님의 일생 가운데 가장 많은 세월을 보내신 기원정사 안에는 현재 '아난 존자의 우물'이 남아 있습니다. 아난 존자가 부처님이 마실 물을 길었다고 전하는 곳입니다. 부처님이 마신 물터면 부처님의 우물이라고 해도 될 텐데 아난의 우물로 부르는 것은 아무래도 부처님께 수시로 물공양을 올리던 시자 아난 존자를 기리기 위한 사람들의 갸륵한 마음이 모아진 것이 아닐까 싶습니다.

그는 도반들이 세상을 뜬 뒤에도 120세까지 살아 쉼없이 가르침을 폅니다. 아난 존자가 열반에 들 때 행여 그의 사리 때문에 다툼이 있을 것을 예상해 갠지스강의 가운데 지역에 가 입멸했습니다. 그리고 사리를 갠지스강 북쪽과 남쪽 사람들에게 똑같이 둘로 나누어 주도록 했습니다. 현장스님의 《대당서역기》에 보면 마투라 지역에도 아난의 탑이 있다고 기록하고 있는데요. 그의 유골은 왕사성 죽림정사 옆에 안치했다고 전합니다.

오늘날 인도에는 열반의 땅 '쿠시나가라'에 있는 부처님의 열반당 뒤에 아난 존자의 탑이 남아 전하고 있습니다. 한평생 부처님을 시봉한 아난을 기리는 후세 사람들의 마음이 열반당 뒤를 지키는 탑으로 모셔 놓은 것인지도 모르겠습니다.

밀교에서는 그를 태장계만다라의 나한 중에 열거하고 석가모니 부처님의 왼쪽 다섯번째 자리에 놓습니다.

사리불

언젠가 불교TV에서 대학생 불자들이 불교교리로 실력을 겨루는 퀴즈 프로그램을 방영한 일이 있습니다. 가장 월등한 실력으로 지혜를 겨룬 젊은이 한 명을 뽑아 상을 주는데 그 상 이름이 사리불 상이었습니다. 지혜로운 자에게 주는 사리불 상, 그 장면을 지켜보면서 승패와 관계 없이 가장 지혜롭게 문제를 풀어간 젊은이에게 준 상 이름으론 손색이 없다는 생각을 해보았습니다.

사리불 존자에게 뒤따르는 또 하나의 이름이 바로 '지혜제일'의 스님이기 때문입니다. 산스크리트어로는 사리푸트라(Śāriputra)라고 합니다.

그는 마가다국 왕사성에서 태어났습니다. 모습이 단정하고

기예에 능했다고 전하는데요. 젊어서는 이웃 마을의 구율타(목
건련 존자)와 함께 부처님과 동시대의 유명한 사상가였던 산자
야의 문하생으로 출가합니다. 회의론자 산자야 문하에서 두 사
람은 이내 스승의 가르침을 완벽하게 이해해 버렸다고 하죠.
그럼에도 불구하고 두 사람은 그것만으로 마음의 평안을 흡족
하게 얻을 수가 없었습니다. 그런 와중에 부처님 법을 만난 인
연은 각별하기만 합니다.

하루는 사리불 존자가 왕사성의 거리에서 탁발중인 수행자
를 보게 됩니다. 소탈하면서도 청정해 보이는 그 수행자의 모
습에 반한 사리불 존자는 다가가 이렇게 묻습니다.

"당신의 청정한 태도에 매혹되었습니다. 그 비결을 가르쳐
주십시오. 당신의 스승은 누구이며 그 스승은 무엇을 가르치고
계십니까?"

《남전대장경》을 보면, 부처님 제자임을 밝힌 그 수행자는
부처님 가르침을 한 마디로 이렇게 전하고 있습니다.

모든 법은 인연에서 생겨난다고 부처님께선 그 인연을 말
씀하셨습니다. 또한 모든 존재가 원인을 끊고 자유로움을
얻는 방법을 부처님께선 말씀하셨습니다.

순간 사리불은 부처님이 얼마나 훌륭한 분인가를 납득합니

산치 제3탑 사리불과 목건련 탑

다. 그래서 친구인 목건련에게 이 소식을 전하지요. 그리고 둘은 자신의 스승 산자야를 설득하다가 휘하의 2백 50여 명 제자들을 이끌고 부처님께 귀의해 버립니다. 떠나는 제자의 무리를 지켜보면서 산자야는 피를 토하고 쓰러졌다던가요.

사리불 존자가 목건련 존자와 함께 산자야의 제자를 이끌고 부처님께 귀의한 것은 당시 교단으로서는 엄청난 사건이었습니다. 그들이 저마다 교단의 주요한 위치를 점하면서 교화에 임했기 때문입니다.

당시에 사리불 존자가 한눈에 반했던 스님은 누구였을까 궁금하지 않으십니까. 그는 녹야원에서 부처님의 첫 제자가 되었던 다섯 분 비구 중에 한 분, 앗사지스님이셨습니다. 모습만으로도 사람들의 신심을 불러일으킬 만큼 깊이 있는 수행을 이루신 분이었나 봅니다. 부처님 가르침을 묻는 외도에게 참으로 겸허하고 쉽게 불법을 전하고 있는 모습이야말로 오늘 우리가 닮아야 할 점이 아닐까요.

사리불 존자는 교단에 들어온 이후에 그 앗사지스님과의 인연을 소중히 여겨 결코 앗사지스님이 있는 방향으로 발을 뻗고 자는 일이 없었다고 합니다. 스승의 그림자도 밟지 않으려는 듯한 그 모습이 여간 존경스럽지 않습니다. 사제간의 도가 타락한 오늘의 시점에선 더욱 그러합니다.

《법화경》 제2 방편품에 보면 사리불 존자가 부처님께 수기

나란다대학 유적지

받는 모습이 등장합니다.

> 사리불이 오는 세상에 정변지이신 부처 이루어
> 그 이름은 화광여래로서 한량없는 중생을 제도하리니
> 수없는 부처님 공양하면서 보살의 행과
> 열 가지 공덕 갖추고 더없는 도 증득하리라…….

사리불 존자는 어떤 문제든 즉시 해결했다고 합니다. 특히 외도들에 의해 교단이 시련을 당할 때 사리불 존자와 목건련 존자가 보여준 사태 수습과정은 가히 눈물겨운 것이었습니다.

항상 부처님을 보필했구요. 그 총명함도 수승했던 것 같습니다. 말년에 피로 때문에 설법을 중단하신 부처님을 대신해서 사리불 존자와 목건련 존자가 대신 설법을 받아 이어가는 일도 있었습니다. 특히 사리불 존자가 부처님을 대신해서 교리를 설하면 부처님께서 이를 추인하는 광경이 경전에서 더러 발견되고 있습니다. 그래서인지 부처님께서는 사리불 존자를 부르실 때 "나의 장자(長子)"라 하셨다고 합니다. 여러 제자 가운데 상수제자로서 칭송받던 사리불 존자는 그러나 애석하게도 목건련 존자와 함께 부처님 생전에 입적하게 됩니다.

목건련 존자가 외도들에게 맞아서 죽음을 맞게 되었을 때 사리불 존자는 부처님께 "목건련과 함께 입멸을 맞이하고 싶다"고 허락을 청했습니다. 사랑하는 두 제자를 떠나보내는 일은 분명 슬픈 일이었을 터입니다. 그러나 세상 인연이 다함을 보신 부처님께선 사리불의 청을 기꺼이 허락하십니다. 부처님께 작별을 고한 사리불은 고향인 나아란다로 가서 마지막 가르침을 설하다가 열반에 들었습니다.

자신보다 앞서 떠나간 제자의 부보를 접한 부처님의 슬픔은 남달랐다고 전합니다. 제자의 입적을 슬퍼하는 부처님, 이 역시 부처님의 인간적인 매력을 더해 주는 대목이 아닐 수 없는데요.

사리불 존자의 유골은 탑으로 세워졌으며 2백 년 뒤에 아소카왕이 불적을 순례할 적에 기원정사에서 사리불의 탑에 공양하고 10만 금을 희사했다는 기록이 전해지고 있습니다. 인도의 불교가 홍성하던 시기에 무려 1만여 명의 스님들이 불교학을 연구했다고 하는 나란다 대학 유적지에는 현재 사리불스님의 토굴이 목건련 존자의 수행처와 함께 남아 전하고 있습니다.

사리불 존자의 저작으로 《아비달마집이문족론(阿毘達磨集異門足論)》 20권과 《사리불아비담론(舍利弗阿毘曇論)》 30권이 남아 전합니다.

수
보
리

"이와 같이 나는 들었다. 어느 때 부처님께서는 사위국 기원정 사에서 큰비구들 1천 2백 50명과 함께 계시었다. 그때 부처님께서는 공양하실 때가 되어 가사를 입으시고 발우를 들으시고 사위성에 들어가시어 걸식하시었다……"로 시작되는《금강경》.

불자들이 애송하는 경전 중의 하나인《금강경》은 바로 수보리 존자의 질문으로부터 비롯됩니다. 수보리 존자는《금강경》에서 공(空)사상을 설하는 부처님과의 대화자로서 등장하지요. 부처님께 질문에 질문을 거듭해 우리들에게 삼라만상의 실상을 깨쳐 주는 역할을 하고 있습니다. 그의 큰아버지가 보시하고 그가 처음 부처님을 뵈었으며 스스로가 출가한 기수급고독원을 배경으로.

범어 이름은 수부티(Subhuti)입니다. 수보리 존자는《금강 경》의 '제2분 선현이 법을 청하다(善現起請分 第二)'의 첫 대목 부터 등장하기 시작합니다. 이때의 선현이란 수보리 존자를 가 리키지요.

어느 경전이고 등장인물은 그 경전의 내용과 깊은 연관이 있게 마련입니다. 공과 무상의 도리를 확연히 깨닫고 있는 수보 리 존자가《금강경》에 등장하는 것은 지극히 당연한 셈입니다.

본래는 탁발제일이라 불렸습니다. 그러나 뒤에 반야경전들 이 수보리 존자를 해공(解空)제일의 부처님 제자라고 부르기 시 작했습니다. 모든 것이 두루 공하다(一切皆空)는 이치를 터득해 그것을 해명하는 데 으뜸이었죠. 공과 무상의 도리를 가장 잘 깨달은 분이었기 때문입니다. 반야사상의 원조로 꼽히고 있지 요. 후대 반야부 경전에서는 언제나 수보리가 공의 지혜인 반 야바라밀을 설하고 있습니다.

"그때 장로인 수보리 존자가 대중 가운데 있다가 자리에서 일어나 오른쪽 어깨에 옷을 벗어 메고 오른쪽 무릎을 땅에 꿇 고 합장하여 공경히 부처님께 아뢰었다……."

《금강경》에서 그의 첫 질문은 이러합니다.

"부처님이시여, 선남자 선여인이 아뇩다라삼먁삼보리심을 내고는 마땅히 어떻게 안주하여야 하며 어떻게 그 마음을 항복 받아야 합니까?"

해공제일인 수보리 존자인만큼 부처님의 뜻을 다 알고 있었을 것입니다. 그럼에도 불구하고 수보리 존자는 중생들의 궁금증을 헤아려 부처님께 여쭙고 있습니다.

장로 수보리라고 지칭되던 것이 《금강경》 제21분에 이르면 혜명(慧命) 수보리라고 부르게 됩니다. 이례적인 수식어지요. 지혜를 목숨처럼 여기는 수보리 존자라는 의미는 무엇일까요. 아마도 공의 도리를 잘 아는 그인지라 미래세에 대해서도 남다른 식견을 갖고 있다는 의미로 보입니다. 어떤 면에서는 부처님과 거의 동등한 상태에서 대화에 들어간다는 것을 혜명이라는 존칭을 통해서 드러낸 것이라고도 할 수 있겠습니다.

《증지부경전》에서는 은둔(隱遁)제일, 무쟁(無諍)제일이라고도 불립니다. 조용히 삼매를 닦았기에 은둔제일이었으며 결코 남과 논쟁하지 않는 분이기에 무쟁제일이란 이야기입니다. '내가……' 라는 강한 생각을 지니고 사는 우리들과는 달리 사물에 대한 집착을 버리고 타인들과 마음을 열고 생활한다 해서 붙여진 이름이지요. 그처럼 대립하지 않고 갈등하지 않고 살 수 있다면 얼마나 좋겠습니까.

《증일아함경》 제3 제자품에선 "행이 본래 청정하여 항상 공정(空定)을 즐기고 공의 뜻을 분별하여 공적의 미묘한 덕업에 뜻을 두는 이"로 묘사하고 있습니다. 《아라한구덕경》에서도 항상 보시를 행하며 공사상을 이해하는 데에 으뜸이라고 했습니다.

기원정사

수보리 존자는 코살라국 사위성 장자의 집에서 태어났습니다. 그의 큰아버지는 부처님께 황금을 깔아서 기타 태자의 숲을 기증한 수닷타 장자입니다. 그로써 기타 태자의 숲은 기원정사가 되지요. 다시 말하면 수닷타 장자의 조카가 수보리 존자라는 이야기입니다. 그런 면에서 그는 퍽 유복한 가정에서 태어났습니다.

부처님께서 코살라국을 처음 찾아오시던 날, 수보리 역시 기원정사에서 부처님과 첫 만남을 갖습니다. 부처님의 설법을 접한 수보리 존자는 그 자리에서 귀의해 불제자가 됩니다. 엄청난 감동의 자리였으니 가능한 일이었겠지요.

《법화경》에 이르길 수보리 존자가 태어났을 때 그의 집 세간이 한순간에 없어지고 공(空)이 됐다는 이야기가 전합니다. 이는 아마도 수보리 존자가 해공제일의 제자가 된 뒤에 만들어진 전설이 아닐까 여겨집니다.

《증일아함경》 제28에 의하면 부처님께서 깨달으신 지 8년 뒤에 돌아가신 어머니 마야부인을 위해 하늘에서 석 달간 설법을 하고 세상으로 다시 돌아오신 일이 있었습니다. 이때 여러 국왕과 제자들이 환영예배를 올렸습니다. 그러나 수보리 존자 홀로 고요히 명상에 잠겨 있었습니다.

"지금 환영예배하려는 부처님 형상은 무엇인가. 안 · 이 · 비 · 설 · 신 · 의를 말하는 것인가, 지 · 수 · 화 · 풍을 말하는 것인가. 이 같은 설법은 모두 공적한 것이니 나도 없고 사람도 없고 작용도 없으며 모양도 없고 가르침도 없다. 모든 법은 공적하니 나는 이제부터 참된 법에 귀의하겠노라."

이때 연화색 비구니 스님이 신통력으로 제일 먼저 부처님께 환영예배를 올립니다. 그러나 부처님께선 연화색 비구니 스님에게 이렇게 이르셨습니다.

"수보리 존자가 모든 법이 두루 공함을 보고 제일 먼저 예배해 맞았느니라."

부처님께서는 참된 예불이란 공을 알고 해탈하는 것이라 하셨습니다. 모두가 부처님의 육체적인 모습에만 집착해 있을 때 수보리 존자는 그러한 집착을 떠난 초월적인 자유의 경지, 즉 공의 경지에서 부처님을 뵈올 수 있었던 것입니다. 이것이 그를 해공제일이라고 부르는 또 하나의 이유라 하겠습니다. 부처님의 마음은 달리 존재하는 것이 아니라 각자 마음먹기에 따라 찬란히 빛을 발하는 것임을 수보리 존자가 깊이 통찰했던 것이죠.

이런 일화도 전합니다. 수보리 존자가 물처럼 구름처럼 만행의 길을 걷다가 왕사성에 닿았습니다. 당시 마가다국에 신심깊은 빔비사라왕이 수보리 존자가 왔다는 소식을 듣습니다. 왕은 덕망 있는 스님께 정사를 지어 드리겠노라는 약속을 한 일이 있었습니다. 그래서 토굴을 지어 수보리 존자에게 기증을 하지요. 그러나 다른 나라와의 병합에 전념하던 때라 빔비사라

왕은 토굴의 지붕 올리는 일을 깜박 잊고 말았습니다.

한 번 생각해 보십시오. 비가 잦은 인도땅에서 지붕 없는 집에 산다는 것이 얼마나 황당한 일이겠습니까. 그러나 수보리 존자는 감사히 그 토굴에 머물면서 수행정진에 임했습니다. 불가 수행자의 가풍이란 본래 어떤 공양물이든 탓하거나 분별하지 않고 감사히 받는 것이 기본이지요.

그런데 수보리 존자가 그 토굴에 머문 뒤 왕사성 일대에 비라고는 내리지 않는 것이었습니다. 지붕 없는 토굴에서 수행 정진하는 수보리 존자에 감복한 하늘 탓이었는지도 모르겠습니다.

그렇지만 농민들은 가뭄에 큰 고생을 하기 시작했습니다. 사람들이 비가 오지 않는 이런저런 이유를 따져 보던 차에 수보리 존자의 토굴에 지붕이 없음을 알게 되었죠. 왕은 자신의 실수를 사과하고 새롭게 지붕을 해올렸다고 합니다.

이때 수보리 존자가 읊었던 시가 다음과 같이 《장로게경》에 전합니다.

나의 토굴이 완성되니 소란한 주위가 고요하고
마음이 평화로우니 여기가 바로 깨달음의 자리라네
하늘이여, 비를 내려 주오 나는 진리를 찾았거늘 비를 내려 주오.

지붕이 만들어진 직후에 왕사성에선 단비를 만날 수 있었다고 합니다. 지붕 없는 토굴을 공양받아도 즐거이 살던 수보리 존자, 그래서 그를 부를 때 피공(被供)제일이라고도 부릅니다. 누구보다 불제자들의 공양을 후하게 받는 사람이라는 의미기도 할 테지만 어떤 면에선 공양을 받을 때 가장 기뻐하고 감사하는 마음으로 받는 분이라고 해석될 수도 있을 것 같습니다.

《증일아함경》 중에 이런 내용이 전합니다. 왕사성 기사굴산 기슭에 머물 때의 일인데요. 수보리 존자는 당시 병들어 고통스러워하고 있었습니다. 그는 스스로 '지금 내가 받는 이 고통은 어떻게 생겨난 것이며 어떻게 사라지는 것인가'라고 되묻고 있었습니다. 마침 제석천이 5백 명의 천인(天人)과 음악의 신인 파차순(波遮旬)을 데리고 수보리 존자를 위문하러 왔습니다. 제석이 다가와 고통이 어떠한가를 물었을때 수보리 존자는 이런 가르침을 들려줍니다.

"……탐욕의 병은 더럽다는 생각으로 다스리고 성냄의 병은 자비심으로 다스리며 어리석음의 병은 지혜로써 다스린다. 이와 같이 일체의 소유는 모두 공으로, 나도 없고 남도 없으며 수명도 없다……. 바람이 큰 나무를 쓰러뜨려 가지와 잎사귀를 마르게 하고 우박과 눈이 꽃과 열매를 망치기도 한다……. 이처럼 법과 법은 서로 어지럽히다가도 서로를 안정시킨다. 나의 고통도 지금은 다 사라져 심신이 편안하다."

부루나

해상무역왕 하면 으레 장보고를 떠올리게 될 겁니다. 신심 깊은 장자로 불심 하나 들고 세계를 누볐던 자랑스런 신라인 장보고.

우리의 선조 장보고가 재가신자로서 불법을 편 해상왕이었다면 부루나 존자는 해상왕으로 살다가 출가 수행의 길을 떠나 부처님의 십대 제자가 된 경우라 하겠습니다.

범어식 이름은 푸르나(Pūrṇa)입니다. 그는 수나아파란타국의 수퍼라카 출신이지요. 그곳은 당대에 무역항으로서 번성하던 곳입니다. 장자의 아들이었으나 불행하게도 재산을 한 푼도 상속받지 못한 채 무일푼으로 집을 나서야 했습니다. 때마침 행운을 만나 조금 입수했던 향나무를 밑천으로 큰돈을 모으게 되었고 급기야 부자가 돼 해상무역에 나서기 시작했다고 합니다. 경영 이론에 탁월했던가 봅니다. 당대에 멀리는 메소포타미아 지방까지 찾아가 교역을 했던 기록으로 보아 아마 부루나 존자도 역시 같은 항해무역에 종사했을 것으로 보입니다. 거친 바닷바람과 맞싸우면서 결단력으로 주위 선원들을 통솔했던 인물이었을 것임엔 틀림없을 겁니다. 그렇게 바다를 오가며 해상무역을 장악하던 그가 불교와 만나게 된 것은 일곱번째의 항해에서였습니다.

그의 배에 동승한 사위성의 상인들이 모여앉아 무엇인가를 합송하는 것이었습니다. 무엇을 합송하는가를 묻자, 부처님의 가르침이라고 일러주는 것이 아닌가요.

"부처님이라니요? 그분은 과연 어떤 분이십니까?"

그들과 대화를 나눈 끝에 항해를 마친 부루나는 평소에 알고 지내던 수닷타 장자(기원정사를 시주한 부자)를 찾아가 부처님에 관해 더 자세한 정보를 얻습니다. 그리고 수닷타의 소개로 부처님을 뵙게 되었고 그 자리에서 수행자가 되었습니다.

부루나 존자를 '설법제일' 이라고 부릅니다. 부처님을 따르면서 중생교화에 남다른 재능을 발휘했기 때문입니다. 부루나 존자의 설법 때마다 무수한 사람들이 환희심을 느낄 만큼 언변이 탁월했다고 합니다. 뼈를 파고드는 설법으로 사람들 가슴에 가책을 느끼게 하고 지혜를 전하는 데에 으뜸이었다는 것인데요. 그래서 9만 9천 명을 제도했다는 이야기도 전합니다. 숫자에 연연하기보다는 그만큼 무수한 이들을 제도할 만큼 역량이 뛰어난 부처님 제자였다는 것입니다. 그가 설법으로 재능을 발휘한 바탕엔 불교와 인연 맺기 이전에 많은 문헌을 섭렵해 지식이 풍부했다고 전합니다.

그러나 설법제일보다는 우리에게 '전법제일'로 더 친근한 분이 부루나 존자입니다. 부루나 존자의 전법의지가 담긴 부처님과의 일화는 너무 유명하지요. 불교의 대중화라는 명제가 절박해진 오늘날에 그의 '전법선언'은 많은 불자들에게 회자되고 있습니다.

연로한 부루나 존자가 부처님께 고향땅으로 가서 전도에 전념하고 싶다는 뜻을 밝혔습니다.

"부처님이시여, 저는 고향땅 수나아파란타국으로 돌아가서 그곳에서 수행에 힘썼으면 합니다. 원하옵건대 제게 명심해야 할 점을 일러주시기 바랍니다."

"부루나 존자여, 만일 그 지역 사람들이 그대를 비난하고 비방한다면 그대는 어찌하려는가?"

"부처님이시여, 그때에는 '이 나라 사람들이 모두 착한 사람들이라서 나를 때리지 않고 비방만 하는구나'라고 생각하겠습니다."

부처님과 보살 재미있는 이름이야기

"부루나 존자여, 만일 그들이 주먹으로 때린다면 어찌하려는가?"

"부처님이시여, 그 경우에는 '이 나라 사람들이 모두 착한 사람들이라서 나를 막대기로 때리지 않고 주먹으로 때리는구나' 라고 생각하겠습니다."

"부루나 존자여, 그렇다면 만일 그들이 막대기를 들고 때린다면 어찌하려는가?"

"부처님이시여, 저는 이렇게 생각할 겁니다. '이 나라 사람들은 착한 사람들이라 나를 칼로 찌르지 않는구나' 라구요."

"그럼, 만일 그들이 칼로 찌른다면 어쩌겠는가?"

"부처님이시여, 그렇다면 그들이 '나를 죽이지 않으니 실로 착한 사람들이구나' 라고 생각하겠습니다."

"부루나 존자여, 그들이 그대를 죽인다면 어찌하겠는가?"

"부처님이시여, 세상에는 자신의 목숨을 스스로 끊는 이도 있고, 누군가가 자신의 목숨을 없애 주었으면 하고 바라는 사람도 있습니다. 저는 그 같은 목숨을 그들이 내게 베풀어 준다고 생각할 것입니다."

"장하도다, 부루나 존자여. 그대가 그와 같은 마음을 변치 않고 고향으로 간다면 많은 포교를 할 수 있을 것이니라."

부루나 존자는 고향으로 가 마침내 5백 명의 사람들을 귀의시킨 뒤에 입적했다고 전해집니다.

왜 부처님께서는 그 지역으로 떠나는 부루나 존자에게 거듭 질문을 던지셨던 것일까요. 무역항으로 유명했던 지역인만큼 각종 종교들이 그곳에 만연해 있었을 것입니다. 종교와 철학이 무성한 한복판에서 부처님 법을 전하려는 부루나 존자에게 법을 전하는 것이 그리 만만한 일만은 아니라는 것을 부처님께서 일러주고 싶으셨을지도 모르겠습니다. 그런 부처님 앞에서 당당하게 전법의지를 밝히는 부루나 존자의 모습 앞에서 문득 숙연해집니다. 안일하게 도를 전할 생각이 아니라 그 어떠한 고난도 인욕하며 견디고, 목숨까지 버릴 각오 하나로 임하겠노라는 그의 정신은 종교계에 온갖 비방이 난무하는 오늘날 우리 사회에 참으로 절실한 정신이 아닐까요. 포교를 위해서라면 목숨조차 아까워하지 않는 정신. 그러나 무모한 포교, 무조건적인 포교가 아니라 상대를 인정하고 참다운 종교심을 싹트게 하는 부루나 존자의 포교법은 다시 한 번 음미해 보아야 할 것 같습니다.

후에 그는 '전법제일' 이라는 별명을 얻습니다.

목건련

친구간의 우정을 이야기할 때 '관포지교' 니 '난향지교' 와 같은 표현을 쓰지요. 난초의 향기와 같은 우정이란 얼마나 아름다운 것일까요.

부처님 제자 가운데 지혜롭게 향기로운 우정을 나눈 두 제자가 있습니다. 사리불 존자와 목건련 존자가 그들입니다. 둘은 '죽마지우' 사이였으며 부처님의 양팔에 비유되는 인물들이지요.

아무리 가까운 벗이라도 지도적인 위치에 있게 되면 원치않아도 서로 권력문제로 다투게 마련이고 마침내 등을 돌리는 모습을 흔하게 접할 수 있습니다. 그러나 이 두 분 부처님 제자는 마지막까지 그 흔한 다툼 없이 서로 화합하며 교단을 이끌

운흥사 감로탱

었습니다. 어디 그뿐입니까. 세상인연을 마치는 일조차 둘은 나란히 함께했으니 예사로운 우정은 결코 아닌 듯 싶습니다.

부처님을 대신해서 교단을 이끌어 가야 할 두 중요한 제자들이 연로하신 부처님보다 앞서 세상을 떠난 일은 교단 내에 크나큰 충격이었을 것입니다. 이분들의 죽음을 두고 부처님께서는 다음과 같은 말씀을 자주 하셨습니다.

"큰 나무에서 때로는 가지 몇 개가 먼저 시들어 떨어져 나가는 수가 있다. 이와 같이 내 제자 사리불과 목건련은 나보다 먼저 떠났다. 세상에 무상하지 않은 것은 아무것도 없느니라……그러므로 잘 들어라. 그대들은 언제나 남에게 의지하지 말고 그대들 자신에 의지하여라. 법에 의지하고 다른 것에는 의지하지 말아라."

사랑하는 두 제자의 죽음을 통해 부처님께서는 제자들에게 제법의 무상함을 일러주셨으며 '자귀의 법귀의' 법문을 일러주셨던 것입니다.

부처님께서 두 제자를 잃은 뒤에 어느 모임에 참석하셨다가 이런 말씀을 내비치신 적도 있었습니다. 스승과 제자의 깊고 그윽한 사랑의 정이 깃든 말씀인데요.

"사리불과 목건련이 떠난 뒤에 모든 모임은 어쩐지 텅 빈 것만 같구나. 두 제자의 얼굴이 보이지 않는 모임은 쓸쓸하다."

아무런 가식 없는 부처님의 인간적인 아픔과 고독을 느끼게 하는 대목이지요.

비슷한 가정환경과 교육수준, 그리고 아름다운 우정은 이들을 언제나 함께 있게 했습니다. 성장한 뒤에도 둘은 학문과 종교 그리고 인생에 관해 함께 고뇌하며 탐구했지요.

사리불 존자와 목건련 존자는 출생지와 출가 동기 그리고 교단 안에서의 역할과 비중 때문에 대부분의 경전에서 늘 언제나 함께 언급되고 있습니다.

목건련 존자는 흔히들 목련(目連) 존자라고도 부릅니다.

그는 중인도 왕사성 부근 코리타(Kolita)라는 마을 명문가의 외아들로 태어났습니다. 어려서 용모가 아름답고 학문을 좋아했으며 총명했다고 합니다. 유족한 가정환경 속에서 당시 높은 수준의 교육을 두루 받으며 자랐습니다.

부처님의 제자가 되고부터 목건련 존자는 열심히 법을 묻고 맹렬하게 수행에 들었습니다. 그 결과 오래지 않아 큰 진리를 깨닫게 되었고, 여러 가지 훌륭한 덕을 갖추게 되지요. 출가 후에는 여러 곳을 만행하며 부처님의 교화를 도왔습니다.

사람들은 목건련 존자를 '신통제일'이라고 부릅니다. 신통이란 불가사의하고 무애자재한 힘을 지녔다는 것입니다. 그가 공중을 날기도 하고 땅밑으로 다니기도 했다는 초자연적이고 기적적인 신통의 일화에서 붙여진 별칭입니다. 가벼운 걸음으로 어디든 날아가 남을 도왔습니다. 깊고 미묘한 수행을 쌓은 결과 초자연적인 능력에 있어서 교단 안에서 제일인자가 되었던 것이죠.

그의 초자연적인 신통력은 초기 교단유지와 전도활동에 큰 영향을 주었을 것 같습니다. 그러나 그가 신통력을 함부로 쓴 것만은 아닙니다. 법회장에 이교도들이 와서 못되게 굴 때에만 곧바로 신통력을 보여 그 장소에서 물러나게 했으며 항복시키곤 했습니다. 이 때문에 말년에 숱하게 이교도의 박해를 받아야 했습니다.

한 번은 코살라국의 비두다바왕이 석가족을 멸망시키려고 할 때 목건련 존자가 신통력으로 카필라성에 철로 된 제방을 쌓으려 했지요. 그러나 부처님께서 이르시길, 석가족의 멸망은 업의 과보라서 그 어떠한 물리적 수단을 쓰지 않는 것이 옳다고 하십니다.

《잡아함경》 16권에는 목건련 존자가 하늘나라의 제석천에게 신통을 나타내 부처님의 참된 가르침을 전해 주는 내용이 소개되고 있습니다.

부처님으로부터 존재의 무상함을 알아서 집착을 버림으로써 해탈을 구하는 법문을 들은 제석천은 그 스스로 부처님의 법문을 이해했다고 여기며 하늘로 돌아갑니다. 이를 지켜보던 목건련 존자는 과연 제석천이 부처님의 뜻을 이해한 것일까를 궁금히 여겼고, 그래서 제석천을 시험해 봅니다. 그러나 제석천은 여전히 자신의 영광과 공덕에 사로잡혀 있을 뿐 부처님의 본뜻을 이해조차 못하고 있는 것이었습니다. 목건련 존자는 그의 발가락 하나로 제석천의 호화로운 궁전을 눌러 진동시켜 버립니다. 그리하여 제석천의 교만과 헛된 집착을 뉘우치게 만들지요.

신통제일의 목건련 존자지만 그에 앞서 인품이 견실하고 용감한 것으로 여러 사람들이 칭송해 마지않았다는 것도 이와 같은 이유 때문일 것입니다. 그것이 얼마나 현실성이 있는가의 여부보다는 그의 초인적인 신통력을 엿볼 수 있는 하나의 일화로 접하는 것이 나을 것 같습니다.

목건련 존자는 기원정사의 대강당 건립 때엔 감독을 맡았고 데바닷타가 부처님에 대항했을 때엔 이와 맞섰습니다.

연화라는 윤락 여성을 교화해 불자가 되게 했으며 특히 돌아가신 어머니를 위하여 효도로써 지성을 다했다는 미담은 그를 더욱 빛나게 만드는 일화기도 하지요. '효심' 하면 목건련 존자일 만큼 그의 효성은 오래 된 한국영화 〈지옥문〉이니 〈목련구모(目連救母)〉와 같은 작품을 통해서 널리 알려진 바 있습니다.

그의 어머니는 생전에 남의 험담을 잘해 죽은 뒤에는 지옥에 떨어졌습니다. 이를 자신의 신통력으로 지옥에 간 어머니를 본 목건련 존자는 모든 고난을 겪어가면서 서둘러 부처님의 도움을 받아 어머니를 천도하기에 이르지요. 이때 부처님의 도움이란 훌륭한 수행을 쌓은 스님들을 청해 여름안거를 마치는 7월 보름날 공양을 올리고 함께 모여 법문을 외우는 것을 가리킵니다.

이 때문에 지금까지도 7월 보름이면 수행자를 공경하고 조상을 천도하고 부모에 대한 효심을 일깨우는 큰 행사가 절마다 봉행되고 있습니다. 이를 '우란분회(盂蘭盆會)'라고 하며 이 날을 우란분절이라고 부릅니다. 목건련 존자의 효심을 닮아 돌아가신 선조들을 천도하는 날로 우리 삶 속에 정착한 것이죠. 말하자면 불교의 어버이날이라고나 할까요.

목건련 존자는 왕사성에서 외도들에 의해 몰매를 맞아 순교하고 맙니다. 그가 치명적인 중상을 입고 죽어간다는 소식이 들리자 도반 사리불 존자가 단걸음에 달려옵니다.

"목건련 존자여, 신통제일이라 불릴 정도로 법력을 갖고 있는 그대가 왜 저들의 박해를 물리치지 않았는가."

"사리불 존자여, 이것은 내 자신의 전생 과보일 뿐이네. 지금의 내 고통은 내가 전생에 부모를 해쳤던 악업에 대한 당연한 결과라네."

그러면서 목건련 존자는 털끝만큼도 상대를 원망치 않고 오히려 그들로부터 열반을 얻게 되었음을 기뻐했다고 합니다.

뒤에 부처님께서는 목건련 존자가 전생에 아내에게 속아서 부모를 숲속에 버려 살해했던 과보가 있었다고 들려주셨습니다. 그 과보 때문에 오랜 세월 지옥에서 고통받은 뒤에 이 세상에 나와 깨달음을 얻는 아라한이 되었지만 여전히 남아 있던 악업 때문에 박해받고 최후를 맞고 말았다는 것이죠.

신통력이 인간의 생사 일체를 지배하는 초능력은 결코 아님을 보여주는 일화라 하겠습니다. 더불어 깨달음을 얻은 아라한의 경지도 인과관계에서만은 벗어날 수 없음을 일러주는 이야기가 아닐 수 없습니다. 또한 우리 저마다가 오늘도 얽혀 있을 저마다의 '인과관계'를 거울처럼 비춰 보았으면 합니다.

대목건련 존자의 참사는 교단에 있어 큰 손실이었음에 틀림없습니다. 기록에 의하면 죽림정사의 문 앞에 탑을 세우고 그의 교단을 위한 업적과 덕을 기념했다고 하나 지금은 그 자취조차 없습니다. 하지만 진리를 전하다가 박해를 받고 의연하게 숨진 목건련 존자의 거룩한 순교의 의미는 오늘도 우리 가슴 속에 남아 전하고 있습니다.

가전연

부처님의 십대 제자 가운데 이름이 가장 낯선 인물이 아마 가전연 존자일 것입니다. 그러나 경전에서는 그의 이름을 쉽게 마주할 수가 있습니다. 팔리어로는 카타야나(Kātyāyana)라고 합니다.

마하가전연 존자를 '논의제일' 이라고 합니다. 논쟁을 피하라고 하신 부처님이신데 논리에 가장 뛰어난 제자가 있다는 것은 어떤 이유일까요?

그는 아반티국의 수도였던 웃제니 출신입니다. 아반티국은 중인도 서쪽의 변방에 위치한 나라로, 걸어걸어 인도땅을 돌며 포교하신 부처님께서도 생전에 찾아가 본 일 없는 그런 오지였던 듯합니다. 그곳에서 그는 장자의 아들로 태어났습니다. 그의 아버지는 취타학의 논사였다고 합니다. 부처님이 탄생하셨을 때, 장차 전륜성왕이 되지 않으면 부처님이 될 것이라고 예언했던 아시타 선인이 바로 마하가전연의 외삼촌이라고 하죠.

그 역시 아버지의 혈통을 이어 부처님 교단에 들어와서는 논의제일이란 칭호를 듣는 제자가 되었습니다. 오랜 세월 아시타 선인 문하에서 공부하다가 부처님께 귀의하기에 이릅니다.

웃제니의 왕은 부처님을 초청하길 원했습니다. 부처님의 가르침이 어떠한 것인지를 직접 알고 싶었던 것이죠. 그래서 일곱 명의 가신들을 기원정사로 파견합니다. 그때 파견된 일곱 명 가운데 한 사람이 바로 가전연 존자였습니다. 가전연은 부처님을 뵙자마자 그대로 출가해 불제자가 됩니다. 그곳에서 부처님 가르침을 배우고 익힌 가전연은 곧바로 귀국해 자국에서 부처님 가르침을 펴기에 진력하였습니다. 말하자면 유학가서 불교를 배워와 자기 나라에서 펼쳤던 것입니다.

그의 눈부신 교화활동에 관해서는 많은 사연들이 전해져 오고 있습니다.

사밋디라는 스님에게 하루는 천인이 찾아와 '한밤 현자의 게송'을 알고 있느냐고 묻습니다. 전혀 모른다고 하자 천인은 부처님께 여쭈라면서 떠나가 버립니다. 사밋디스님은 부처님을 찾아가 그 게송에 관해서 여쭙니다. 부처님께선 그 자리에서 곧바로 그 게송을 일러주셨습니다.

과거를 쫓지 말라

미래를 바라지 말라

과거는 이미 버려진 것

그리고 미래는 아직 도래하지 않았다

그러니 다만 현재의 것을

그것이 있는 곳에서 관찰하고

흔들림 없이 움직이는 일 없이

잘 간파하여 실천하라

다만 오늘에 해야 할 일을 열심히 하라

누가 내일 죽음이 있는 줄 알랴

참으로 그 사신의 대군과 만나지 않아도 될 리가 없다.

이와 같이 간파하여 열심히

밤낮을 게으르지 않고 노력하는 자

이를 일러 한밤의 현자라고 하는 것이다.

사맛디스님은 듣고 싶었던 게송을 듣는 것에 도취해 부처님께 감사의 인사를 드리고 나왔습니다. 그러나 막상 나와 보니 그 문구가 어떤 의미인지 다시 궁금해지는 것이었습니다. 그러나 사맛디스님은 숫기가 없었던지, 부끄러움이 많았던가 봅니다. 또다시 의문나는 것을 부처님께 여쭈러 가기가 영 민망했던 모양입니다. 그런데 말입니다. 무식할수록 용감하라는 이야기를 들어 보신 일이 있으십니까? 모를 때엔 물어 보는 게 최고입니다. 날 어떻게 볼까, 이런 걸 물어 보아도 좋을까, 망설일 것이 아니라 누구라도 붙들고 물어 보는 것은 결코 잊혀지지 않습니다. 특히 불자들의 특징 중에 하나가 스님들을 괴롭히지(?) 않는다는 점입니다. 궁금한 걸 귀찮도록 묻고 물어야 우리 불교가 발전할 것이라고 생각합니다.

사맛디스님은 가전연 존자를 찾아갑니다. 가전연 존자는 그 스님에게 참으로 자상하게 그 의미를 설명해 주었습니다. 사맛디스님이 감격하며 경청했다고 전하는데요. 후일 부처님께서 가전연 존자의 해석을 다시 접하실 기회가 있었습니다. 부처님께서는 "내가 해설했더라도 가전연 존자와 분명 한 가지로 말했을 것이다"라고 하셨을 정도였습니다.

그더러 논의제일이니 광설제일이라고 부르는 것은 바로 이 때문이 아닐까요. 해박함으로 해맑음으로 부처님의 가르침을 설득력 있게 이웃들에게 정리해 주는 역할 말입니다.

특히 변방 외진 고향땅에서 포교의 일선에 섰던 그로선 더더욱 부처님 가르침을 바르게 전하는 일이 중요했을 것 같습니다. 그런 점에서 논의제일, 광설제일이 된 것은 당연한 일이 아닐 수 없습니다.

오늘날 우리 곁에도 소외된 땅을 일부러 찾아가 포교에 임하는 분들이 많이 계십니다. 낙도를 돌며 포교에 임하는 분이 있는가 하면, 미군기지 부근 윤락 여성들이 살고 있는 곳에서 법을 펴시는 분, 광산촌 광부들에게 마지막 꿈을 심는 스님도 계시지 않던가요. 다들 살아 있는 가전연 존자라 할 것입니다.

가전연 존자의 문하에서 부처님 가르침을 배우던 소나라는 청년이 있었습니다. 그는 스승처럼 출가해 사문이 되길 원했지요. 그러나 출가를 하려면 수계의식이 필요하고 수계의식 때에는 열 분의 스님이 입회하는 것이 당시에 기본이었습니다. 계를 주는 계화상과 계받는 취지를 설명하고 알리는 갈마사, 계받는 이의 태도를 지도하는 교수사와 증인으로서의 일곱 명 등이 필요하기 때문입니다. 그렇지만 외진 지역에서 열 분의 스님을 모시고 수계식을 봉행하기란 그리 쉬운 일이 아니었을 겁니다.

3년 여의 세월이 흘러서야 소나는 겨우 열 분을 모시고 수계의식을 가질 수 있었습니다. 소나는 어느 날 문득 부처님을 친견하고 싶다는 발원을 했습니다. 부처님께 떠나보내며 가전연 존자는 몇 가지를 소나에게 부처님께 여쭤보라고 당부합니다. 그 내용은 이렇습니다.

아반티국에 스님의 수는 너무 적습니다. 수계의식을 위해 3년씩 걸려야 했을 정도입니다. 이런 변방에서는 완전한 계율을 줄 수 있도록 계사스님의 수를 줄여 주십시오.

아반티국의 토양은 거칠고 소발굽으로 도로가 딱딱해서 한 겹의 신발로는 생활하기가 어렵습니다. 여러 겹의 신발을 신는 것을 허락해 주십시오.

이 지방에서는 목욕을 자주하는 풍습이 있으며 짐승 가죽을 깔개로 쓰는 풍습도 있습니다. 이 풍습대로 생활하는 것을 허락해 주십시오.

소나는 부처님을 친견한 뒤에 가전연 존자가 일러준 대로 부처님께 여쭈었습니다. 부처님께서는 변방지역에서는 다섯 명의 스님이 계율을 줄 수 있도록 했으며 그 밖의 풍습에 대해서도 그 지역 풍습대로 하라고 인정하셨습니다.

제사를 지내면 우상숭배라고 거부하는 타종교의 실상을 보더라도 2천 5백 년 전에 부처님께서는 얼마나 유연하게 포교에 임하셨는가를 엿보게 됩니다. 그릇따라 모양을 달리하는 물처럼 그렇게 현실을 끌어안고 운용되는 불교지요. 그 때문에 풍속과 습관이 다른 온갖 것들을 품어안으면서 불교가 흘러올 수 있었습니다. 물론 한편으로는 그런 각기 다른 성격 때문에 교단의 분열이 있었음도 간과할 수 없겠습니다.

아나율

성적이 떨어졌다고 부모한테 꾸중을 들은 사춘기 학생이 아파트 옥상에서 투신자살했다는 기사를 접하게 될 때가 있습니다. 그럴 때면 더러 뒤질 수도 있을 성적에 대한 부모의 꾸중이 얼마나 혹독했기에 죽음까지 몰고 갔을까 하는 생각을 해봅니다.

한편으로는 요즘 십대들이 얼마나 심약하게 크고 있는가를 돌아보게도 됩니다. 정말 야단맞는 일이 목숨과도 바꿀 만큼 치명적인 일일까요. 꾸중을 약이 되게, 인생을 뒤바꾸는 계기로 삼을 수는 없는 일인지요.

그런 점에서 부처님의 십대 제자 중 한 명인 아나율 존자(범어로 아니룻다, Aniruddha)는 부처님의 호된 꾸중을 삶의 전환점으로 삼은 대표적인 분이라 할 수 있겠습니다.

기원정사 강당에서 부처님께서 설법하고 계실 때의 일입니다. 설법 도중에 아나율 존자는 자신도 모르는 새에 슬쩍 낮잠이 들어버렸습니다. 우리도 마(魔) 중에 제일 무서운 마가 수마(睡魔)라고 이야기하지 않습니까.

설법을 마치신 부처님께선 조용히 그를 불러 앉히셨습니다. 그리곤 다음과 같은 충고를 주셨지요.

"벗이여, 그대는 진리를 찾아 출가한 것이 아니었던가. 출가한 지 얼마 되지 않아 선잠을 자다니……. 그 첫마음은 어디로 갔는가?"

부처님의 날카로운 지적에 그는 마음의 눈이 번쩍 띄었습니다. 그러곤 몸이 썩어 부서질지라도 다시는 잠을 자지 않겠다는 원을 세웁니다.

고문 가운데에서도 가장 견디기 힘든 고문이 잠재우지 않는 방법이라고 하지요? 아마 아나율 존자가 수면을 거부하는 일 역시 힘겨운 고행이었을 터입니다.

수마와 싸워가며 그렇게 정진하다 보니 아나율 존자는 눈의 시력을 잃고 맙니다. 도중에 명의사 지바카가 그를 진찰하기도 했고 부처님께서 지나치게 수행하는 것은 잘못이라고 타이르시기도 했지요. 그렇지만 그때마다 아나율 존자는 "한번 부처님 앞에서 맹세한 것은 결단코 깨뜨리지 않겠습니다"라고 답했습니다. 백약이 무효였지요. 결국 눈의 시력을 다 잃고 말

간다라 열반 불전도 속의 슬퍼하는
아난과 위로하는 아나율

았습니다. 그러나 대신 아나율은 지혜의 눈(心眼, 天眼)을 떠 '천안제일'의 불제자로 존경을 받게 되었습니다.

설법 현장에서 졸고 있는 불자들을 보는 일은 자연스러운 일입니다. 졸다가 문득 부끄럽게 여겨 정신차리는 쪽이 있는가 하면, 설법을 마치도록 정신없이 졸다 깨는 쪽도 있게 마련이지요. 아나율 존자에겐 스승의 설법 때 졸았다는 것이 더할 나위 없는 수치심으로 여겨졌던가 봅니다.

아나율 존자는 오늘날 시각장애인 불자들에게 많은 희망을 주는 존재입니다. 단지 보이지 않는 것은 '불편'한 것일 뿐 '불완전'한 것이 아님을 그가 여실히 보여주고 있지 않습니까. 두 눈의 시력을 온전히 갖고 있어도 볼 것을 제대로 보지 못한 채 마음의 눈을 뜨지 못한 이웃들은 또 얼마나 많은지요.

그는 부처님의 사촌동생입니다. 어려서부터 총명해 큰 인물이 될 것으로 만인의 기대를 얻었던 인물인데요. 카필라성에서 부처님의 설법을 접한 뒤에 출가를 결행했습니다. 출가를 결행할 당시에 하나뿐인 형 역시 출가를 결심하던 차였다고 하죠. 형과 상의해 한 명은 대를 잇기 위해 남고 아나율 홀로 출가의 길을 떠나기로 했나 봅니다.

이때 그의 어머니가 결사적으로 만류를 했습니다. 아들의 단단한 결심을 접한 어머니는 마침내 석가족에서 장래가 촉망

되는 뛰어난 젊은이인 밧디야가 출가한다면 허락해 주겠노라고 약속하게 되죠. 결코 밧디야는 출가하지 않을 것이라는 어머니의 계산이 있었기 때문입니다. 그러나 아나율 존자의 뜨거운 신심은 마침내 밧디야까지 설득해 출가시키고야 맙니다. 그뿐만 아니라 주위에 가까운 이들 다섯 명마저 출가사문의 길로 이끌게 되었지요. 그 가운데는 난타와 우바리 그리고 반역으로 유명한 데바닷타도 들어 있습니다.

아나율 존자의 적극적인 출가의지가 마침내 귀한 인재들을 불문에 귀의케 했던 것입니다. 서원한 대로 잠을 자지 않은 것이나 출가의 뜻을 굽히지 않고 단행한 일화들을 보자면 아나율 존자는 극성스러우리(?)만큼 한 가지에 몰두하는 철두철미한 성격이었던 듯합니다.

아나율 존자를 떠올리면 감동어린 부처님의 모습이 한 대목 떠오릅니다.

앞을 못 보는 그에게 해진 옷을 꿰매야 할 일이 생겼습니다. 부처님 교단은 언제나 자신의 일은 자신이 해결하는 것이 기본이지요. 그런 점에서 바늘귀에 실을 매는 일은 시력을 잃었다 하더라도 스스로가 해결해야 할 일이었습니다. 바늘귀에 실을 꿰다 못한 아나율 존자는 혼잣말처럼 중얼거렸습니다.

"누군가 나를 위해 바늘에 실을 꿰어 주고 공덕을 쌓을 이웃은 없을까?"

그러자 누군가가 그의 곁에 다가와 실과 바늘을 건네받으며 이렇게 이야기하는 것이었습니다.

"벗이여, 내가 그 공덕을 쌓겠소."

그 목소리의 주인공은 다름 아닌 부처님이셨습니다. 깜짝 놀란 아나율 존자는 다시 여쭈었지요.

"더 이상 행복을 추구할 필요가 없으신 성자께서 왜 공덕을 쌓으려고 하십니까?"

그러자 부처님께서 빙그레 미소를 지으시며 이렇게 말씀하십니다.

"아나율 존자여, 나도 그대들과 마찬가지로 공덕을 쌓으며 행복을 추구하고 있다. 내가 쌓는 공덕은 내 자신을 위한 것이 아니라 만중생을 위한 것이다."

그리고는 아나율 존자의 떨어진 옷가지를 꿰매어 주십니다.

눈먼 제자의 옷을 손수 꿰매 주신 자상하신 부처님의 모습은 눈물겹기까지 합니다. 오늘날 몸 불편한 장애인 벗들 곁에 우리 불교가 어떤 모습으로 나투어야 할지를 일러주는 일화가 아닐 수 없지요. 더불어 나를 위해서가 아니라 만중생의 행복을 추구한다 하신 부처님의 모습, 공덕을 쌓는 자세에 관해 몸소 보여주신 것이라고 생각됩니다. 선가에서 이야기하는, 깨달음 이후에도 수행한다(頓悟漸修)는 것과 상통하는 가르침입니다.

우바리

부처님의 제자 가운데에는 왕과 왕족, 그리고 바라문 등의 지배계급이 있는가 하면 윤락 여성, 대장장이와 같은 당시에 어렵게 생활하던 천민들도 있습니다. 강물이 흘러 바다에 이르면 강물은 제각각의 이름을 버리고 '바다'라고 불리듯 불법의 바다에 이르면 모두가 하나라고 이르신 부처님의 가르침 때문이지요. 그들은 모두가 계급사회 인도에서 계급 없는 수행생활을 통해 가장 민주적인 삶을 살 수 있었습니다.

부처님의 십대 제자 가운데에 한 분인 우바리도 그런 천민 출신의 한 사람입니다. 계급사회였던 당시에 가장 천민에 속하는 수드라 계급 출신인데요. 본성이 성실해 왕가의 신임을 받던 왕사성의 이발사였습니다. 팔리어로 우팔리(Upāli)라고 하고 한역으로 우바리(優婆離)라고도 합니다.

정반왕에게는 밑으로 세 명의 동생이 있었고 그들에겐 모두 여섯 명의 왕자들이 있었습니다. 다들 우리에게 낯익은 이름들이지요. 아난다, 데바닷타, 아나율, 밧다이, 바샤, 콤비라 등이 그들입니다. 이들은 석가족의 청년들이 부처님을 따라 출가하고 있음을 보고 함께 출가하기로 결의를 합니다.

그러고는 전속 이발사인 우바리를 불러 차례로 머리를 깎았습니다. 삭발을 단행하며 여섯 왕자는 자신들이 지니고 있던 온갖 장신구와 값비싼 옷을 우바리에게 주었습니다.

이 여섯 왕자들은 곧바로 출가하는 것이 왠지 아쉽게만 여겨져 그 동안 못 누려 본 자유로움을 일주일만 누려 보다가 출가하기로 동의합니다. 왕자로서 향유하던 습관을 버리는 것이 쉽지 않았던가 봅니다.

여섯 왕자의 머리를 깎아 주는 동안 우바리는 '저들처럼 부귀와 영화를 헌신짝 버리듯 떠날 수 있는 출가란 과연 무엇일까'를 돌아보게 되었습니다. 그러곤 나도 저 여섯 왕자처럼 수행할 순 없을까를 고민했습니다. 때마침 길에서 사리불 존자와 마주친 우바리는 그 고민을 털어놓게 됩니다.

"스님, 저 같은 천한 신분도 부처님의 제자가 될 수 있을까요?"

"부처님 법은 신분이 귀하고 천하거나 지혜가 있거나 없거나 가리지 않습니다. 다만 진리의 가르침에 따라 참되고 깨끗한 마음으로 수행하는 사람은 부처님의 제자가 될 수 있습니다."

이에 용기를 얻은 우바리는 그 길로 출가 수행자가 됩니다. 삭발한 여섯 왕자가 향락생활에 빠져 사는 그 일주일 사이, 이발사 우바리는 수행자가 된 것입니다.

여섯 왕자는 진탕 향락을 누린 뒤 부처님을 찾아와 제자가 되길 간청했습니다. 한 명 한 명의 수행자들에게 예를 갖추어 인사를 올리다가 그들은 그만 천민인 우바리가 거룩한 수행자로 변모한 모습을 보곤 놀라움을 감추지 못했습니다. 생각해 보십시오. 일주일 전만 해도 머리를 깎아 주던 이발사였고 늘 하인으로 대하던 천민이었는데, 그 앞에서 한순간 예를 갖춘다는 것이 쉬운 일은 아니지 않습니까. 이때 부처님이 준엄하게 이르십니다.

"무엇을 생각하고 있는가! 부처님의 법에서는 교만함을 버려야 한다. 사형(師兄)이 되는 우바리에 대한 예로 그에게 정례(頂禮)를 하라."

구마라집이 번역한 《대장엄론경》 제8권에 보면 미천한 수드라 출신의 우바리에게 우리가 어떻게 예배를 하느냐고 의문을 제기하는 대목도 있습니다. 그때 부처님께서 위없는 진리엔 차별이 없다면서 그들을 납득시켰다고 적고 있는데요. 석가족

여섯 왕자들의 오만함을 제어하는 이 일화는 불교가 신분의 차별을 부정하고 인간 본래의 인격을 존중하고 있음을 보여주는 일화입니다. 또한 동시에 평등한 대자비의 가르침이 어떤 것인가를 여실히 보여주는 대목이 아닐 수 없습니다.

우바리 존자는 부지런히 수행한 결과 많은 수행자 가운데서 뛰어나게 계율을 지켰습니다. 그 때문에 가장 먼저 수계자가 되었으며 교단의 상수로 인정받아 '지계제일'이란 칭호를 받게 되었지요. 부처님께서 열반하신 뒤 경전결집 때 그는 가장 어려운 율장결집을 담당했습니다.

계급이 얼마나 무모한 것인지 그의 일화만으로도 확증이 되지 않습니까. 엄청난 계급사회에서 부처님께서 승가라는 수행공동체를 통해 평등을 이루신 일은 가히 혁명적인 일이 아닐 수 없습니다.

라후라

부처님께서 출가하기 전 고타마 싯달타 태자시절의 이야기부터 들려드리지요.

태자가 출가를 결심하고 산책길에서 돌아오던 날, 정반왕은 태자에게 아들이 탄생했음을 기쁘게 알려줍니다. 아들의 탄생소식을 듣는 순간 싯달타 태자는 혼잣말처럼 말했습니다.

"장애가 생겼구나, 속박이로구나."

자녀에 대한 애정이 출가를 가로막는 얽매임이 될 것을 염려하셨던 것 같습니다. 장애, 인도말로 라후라(Rāhula)라 합니다. 그 혼잣말은 그대로가 아들의 이름이 되었습니다. 그리고 태자는 아들이 태어난 지 이레 만에 카필라성을 넘어 출가의 길을 떠납니다. 그 아들을 한역경전에서는 라후라(羅睺羅)라고 부르지요.

부처님께선 생전에 여러 차례 고향을 방문하셨습니다. 그 첫째가 출가한 지 한 9년쯤 뒤의 일이었던 것 같습니다. 석가족들은 가문의 자랑스런 어른 부처님을 극진하게 맞았습니다. 그러나 부처님께선 궁궐에 머물지 않으신 채 평소처럼 매일 탁발을 다니고 설법을 들려주셨던 모양입니다. 보다 못한 아버지 정반왕께서 사람을 보내 "수천 명의 수행자에게 공양하는 건 어렵지 않은 일이니 얻어먹지 말고 궁궐에 와서 머물라"고 당부하기도 했습니다.

그러나 부처님께선 "이 일은 출가자의 바른 수행방법입니다"라며 탁발을 쉬지 않으셨습니다. 많은 사람들이 부처님의 교화에 감동했고, 이튿째 되는 날에는 난다를 비롯한 석가족의 젊은이들이 줄지어 부처님의 제자가 되기도 했습니다.

출가 전 아내였던 야소다라의 심정은 어떠했을까요. 그는 아홉 살이 된 아들 라후라의 손을 이끌고 탁발하고 계신 부처님을 가리키며 "저분이 네 아버지다. 아버지께 가서 당신의 재산을 상속해 달라고 말씀드려라"라고 했습니다. 이 대목에 관해서는 경전마다 조금씩 그 내용이 달리 기록돼 있습니다. 그 이야기 그대로 부처님께 말씀드렸다고도 하고, 부처님의 자애로움에 라후라는 자신도 모르게 "부처님 곁에 있으니 매우 기분이 좋습니다"라고 했다는 얘기도 있습니다. 어떤 것이 더 타당한 것인지는 알 수 없습니다. 다만, 왜 야소다라가 아들을 시켜 부처님께 재산 상속 이야길 꺼낸 것인지, 그 대목이 몹시 흥미롭기만 합니다.

세속의 모든 것을 떨치고 출가의 길을 떠난 과거의 남편, 그리고 이제는 인류의 스승이 돼 고향땅에 교화의 길을 나오신 부처님께 왜 야소다라는 상속의 문제를 제기했던 것일까요.

부처님께서 라후라가 한 이야기에 고심하셨던 것 같습니다. 그리곤 상수제자 사리불을 불러 라후라의 출가문제를 상의하십니다. 욕망의 덩어리인 재산상속보다 중요한 것이 진리라고 하는 보배의 상속이라고 부처님이 파악하셨기 때문이 아닐까요.

곧이어 라후라는 출가를 합니다. 아홉 살 된 라후라, 그의 교육은 목건련 존자가 맡았습니다. 라후라, 그는 불교교단의 최초의 사미였습니다.

아들이 출가한 데에 이어서 사랑하는 손자까지 출가의 길을 떠나자 충격을 받은 정반왕은 부처님께 간곡한 부탁을 올리게 됩니다.

"부처님, 사랑하는 아들이었던 당신의 출가는 내게 고통이었습니다. 그런데 이젠 왕위를 이을 라후라마저 출가를 했습니다. 자식 사랑하는 아비의 심정을 헤아리셔서 제발 앞으로는 부모의 허락 없이 출가하지 않도록 해주십시오."

《율장》 대품에 보면 그때부터 '출가할 때 반드시 부모의 허락을 받아야 한다' 는 규칙이 보태어졌다고 합니다.

라후라는 나이가 어린데다가 궁중에서의 습관이 몸에 밴 탓에 행자생활을 쉽게 적응하지 못했던 것 같습니다. 열심히 수행하지도 못했고, 거짓말도 종종했으며, 주위 수행자들을 놀려대기도 한 장난꾸러기였던 것 같습니다. 심지어는 부처님을 찾는 사람들에게 부처님이 계신 곳과는 정반대의 장소를 일러 줘 헛걸음을 시켜 놓곤 즐거워하기도 했다고 하죠. 그 나이 또래들에게서 흔히 볼 수 있는 짓궂은 모습이었겠지요.

주위 평판이 좋지 않자 부처님께서 라후라의 방으로 찾아가십니다. 세숫대야에 물을 떠오게 한 뒤에 발을 닦으시곤 라후라에게 이 물을 마실 수 있겠느냐고 물으셨습니다.

발을 씻어 더러워진 물을 어떻게 마실 수 있겠냐고 답하는 라후라를 향해 부처님께선 이렇게 이르시지요.

"그대도 이 물과 같다. 본래 맑은 이 물 같은 마음으로 출가를 했거늘 수행에 힘쓰지 않고 마음을 맑히지도 않으며 계율을 지키지도 않았다. 탐·진·치 삼독의 때를 가득 안고 있으니 마치 이 물처럼 더러워져 있구나."

다시 부처님께선 라후라에게 대야의 물을 버리라 하시곤 이 대야에 음식을 담아 먹을 수 있겠느냐고 되물으십니다. 손발을 씻던 대야엔 음식을 담아 먹을 수 없다고 답하는 라후라를 향해 부처님께선 또 이런 가르침을 주십니다.

"그대도 이 세숫대야와 같다. 수행자로서 거짓말을 일삼으면 그 마음은 더러운 물을 담는 그릇과 같다."

그리고 세숫대야를 발길로 한 번 걷어차시면서 다시금 이렇게 이르십니다.

"그대도 이 세숫대야와 같다. 수행을 하지 못하고 사람들을 괴롭히면 누구에게도 사랑을 받지 못할 것이다. 목숨이 다하도록 깨닫지 못한 채 헤매기를 이 물그릇처럼 할 것이다. 라후라여, 정신을 가다듬어라!"

이 준엄한 꾸지람을 들은 아홉 살 라후라는 속으로 깊이 뉘우쳐 정진합니다. 그래서 마침내 진리에 눈뜨고 아라한이 되지요.

라후라의 행자시절 또 다른 일화입니다. 부처님께서 기원정사에 머무실 때 수많은 사부대중이 모여 밤늦도록 부처님의 가르침을 듣게 되었습니다. 연로하신 스님들은 각자 자신의 숙소로 돌아갔고 젊은 스님들은 재가불자들과 함께 잠자리에 들었던 모양입니다. 그런데 심한 잠버릇을 하는 재가불자들 때문에 스님들이 잠을 설쳐야 하는 일이 벌어졌습니다.

이튿날 부처님께선 제자들에게 출가자와 비구계를 받지 않은 일반인은 함께 자지 말라는 규정을 정해 주십니다.

그날 밤부터 라후라는 잠자리를 잃어버리고 맙니다. 새로 정해진 규정인만큼 누구도 아직 출가하지 않은 라후라를 재워 줄 수 없었기 때문입니다.

잘 곳을 잃은 라후라는 헤매다니다가 부처님께서 사용하시는 화장실에 들어가 겨우 눈을 붙일 수 있었습니다. 이튿날 화장실에서 라후라와 마주친 부처님께선 그 사정 이야길 전해 들으시곤, 제자들을 불러모으셨습니다.

"사리불이여, 어제 라후라는 화장실에서 눈을 붙였다. 이렇게 한다면 출가해 아직 계를 받지 못한 사람들은 어디에서 자야 하는가. 규정을 바꿔서 행자들은 비구방에 이틀씩 머물게 하고 사흘째 되는 날까지 거처를 찾아 주도록 하라."

부처님의 이 말씀은 자신의 아들이 화장실에서 잔 것에 대한 꾸지람이 결코 아닙니다. 제자들이 계율 지키는 것에만 급급해서 새로 불문에 귀의한 사람들을 신경쓰지 않는 것에 대한 경종이지요. 물과 젖처럼 화합하며 사는 교단에서 서로 돕지 않고 계율의 문구에 집착해 사는 것은 아무 의미 없다는 큰 가르침이 아닐 수 없습니다.

이날 화장실에서 잔 라후라에 대해 많은 스님들의 칭찬이 자자했다고 합니다. 더러는 부처님께서 라후라를 챙겨주지 않으셨다는 비난이 있었던 것 같습니다. 불전에는 악마가 부처님을 향해 사랑하는 자식을 화장실에서 재우고 당신은 편안히 잘 수 있느냐고 비난했다고 돼 있기도 합니다. 아마도 주위에서

쑤군거렸다는 비유라고 여겨지는데요. 그때 부처님께선 이렇게 이야기하고 계십니다.

"부처는 모든 제자들에게 평등한 마음(等心)으로 돌본다."

우리네 생각이야 피붙이에 대한 애정은 조금은 남다를 것으로 보이지만 부처님의 눈으로는 누구나 한결같이 대하는 법이 아니겠습니까.

어린 라후라도 여간 의젓해 보이지 않습니다. 어리광부리며 자랄 그 나이에, 쪼르르 아버지를 찾아가 잠잘 곳이 없다고 투정부릴 법한 그 나이에 그는 말없이 화장실을 찾아들어가 쪼그린 채로 밤을 지낸 것입니다. 그를 두고 엄격한 규칙과 계율을 지키며 수행에 힘써 이룬 경지라는 의미에서 '밀행(密行)제일'이라고 부르는 이유가 여기 있는 것 같습니다. 너나없이 아버지의 지위와 아버지의 명예를 팔아 '황태자'의 신분을 유감없이 누리는 세상이 아니던가요.

라후라 존자의 밀행제일다운 면모는 다음의 일화에서도 엿볼 수 있습니다.

스승 사리불 존자를 따라 탁발을 나섰다가 이교도 청년에게 봉변을 당하게 되었습니다. 부처님께서 출현하신 뒤로 이교도들의 자리가 점차 좁아져간 것에 대한 분노의 표출이었던 것 같습니다. 난데없이 나타난 외도청년은 사리불 존자의 발우에 모래를 집어 넣고, 라후라의 머리를 주먹으로 치는 등의 행패를 부린 것이죠. 그러나 두 수행자는 아무 일 없었던 듯 걸어가기만 했습니다. 그것이 이교도 청년의 부아를 더 돋우었을 것도 같습니다. 이 청년은 계속 쫓아오면서 욕설을 퍼붓고 퍼붓다가 제풀에 지쳐 돌아가고 맙니다.

이때 스승 사리불 존자가 이야기합니다.

"라후라 존자여, 부처님의 제자는 어떤 일이 있어도 분노를 간직해선 안 된다. 항상 자비심으로 중생을 불쌍히 여겨야한다. 부처님께서 인욕보다 큰 기쁨은 없다고 이르시지 않았는가. 나도 인욕을 보배처럼 여긴다. 라후라 존자여, 그대도 마음을 억누르고 참아라."

이마에 흐르는 피를 물가에서 씻으면서 라후라는 스승 사리불 존자에게 자신의 생각을 다음과 같이 들려줍니다.

"스승이시여, 저는 이 아픔을 견디며 오랫동안 아픔을 당하는 이웃들을 생각해 보았습니다. 실제로 세상엔 악한 사람이 있는 것 같습니다. 스승이시여, 저는 결코 화내지 않습니다. 다만 진리를 모르는 저들을 어떻게 교화하면 좋을까를 생각하고 있습니다. 아무리 진리를 설해도 썩은 시체와 같이 감동할 줄 모르는 저들을 어떻게 해야 할까를 고민하고 있습니다."

사리불 존자가 돌아와 이 일을 부처님께 전해 드리자 부처님께서는 크게 칭찬하며 다음과 같은 가르침을 주셨습니다.

"이 세상에선 부정한 것이 정의로운 것을 질투한다. 탐욕한 자가 욕심 없는 이들을 좋아하지 아니한다. 그러한 때라도 우리는 참아야 한다. 인욕은 마치 커다란 배와 같아서 능히 곤란을 헤쳐 나가며 인욕은 마치 좋은 약과 같아서 능히 많은 사람의 생명을 구하리라."

외도의 주먹에 맞아 이마에 피흘리는 라후라스님의 모습은 마치 오늘의 한국불교 현실을 보는 듯한 느낌이지 않습니까. 주지실까지 찾아와 "사탄이여 개종하라"며 찬송가를 부르는 타종교인들, 국보인 〈백의관음도〉에 십자가를 그려 넣은 이교도들, 부처님 오신 날 전후해서 생겨나는 각종 훼불사건들……. 그래도 인욕해야 함을 사리불, 라후라 두 스님이 보여 주고 계십니다.

참고 견디기, 그것이 평화를 이루는 비결입니다. 또한 그것은 불교가 역사 속에서 단 한 번의 종교전쟁을 치른 일이 없는 비결이기도 합니다.

부처님과 보살
재미있는 이름이야기

2007년 9월 25일 | 초판 1쇄 발행
2009년 9월 25일 | 초판 2쇄 발행
글쓴이 | 이윤수
펴낸이 | 윤재승
펴낸곳 | 도서출판 민족사

사진제공 | 대한불교조계종 총무원
책임편집 | 김창현
마 케 팅 | 성재영 윤선미
본문 및 표지 디자인 | 김형조
등록 | 1980년 5월 9일(등록 제1-149호)
주소 | 서울시 종로구 수송동 58번지 두산위브파빌리온 1131호
전화 | 02)732-2403~4
팩스 | 02)739-7565
E-mail | minjoksa@chol.com
홈페이지 | minjoksa.org

※글쓴이와 협의하에 인지는 생략합니다.
※잘못된 책은 바꾸어 드립니다.

※《부처님과 보살 재미있는 이름이야기》는 《불보살 명호이야기》(1998, 민족사)를
  새롭게 편집한 책입니다.

※값은 책 뒷면에 있습니다.

ISBN 978-89-7009-415-1   03220